税理士が経営参謀になる極意

公認会計士・税理士
柴山会計ラーニング株式会社
代表取締役
柴山 政行

LOGICA
ロギカ書房

まえがき

２０１３年にオックスフォード大学のマイケル・オズボーン氏が「未来の雇用」という論文の中で世間を驚かせる発表をしたことは有名です。

10年後になくなる可能性のある仕事として経理や税務申告代行などの業務が取り上げられ、会計業界に携わる人たちの不安が一気に強まったのは記憶に新しいところです。

そんなおり、２０２０年以降に世界を巻き込んだ新型コロナの影響で経済環境が激変し、中小企業を筆頭に多くの経営者が業績を落としています。

このような苦しいときにこそ、中小企業の社長を精神的にも経営的にも支えることができる参謀の存在が必要になってきます。

しかし、そもそも大企業のような資本力もブランド力もない中小企業が人材確保さえもままならない状況下で、ましてや経営参謀を雇うことなど不可能に近いでしょう。

そこで、多くの企業の経営管理を会計・税務面から支えてきた数字に強い税理士や公認会計士など会計専門家が活躍するチャンスが増えるとみることができます。

会社の成績は決算数値という形で表現されます。

そして、決算に関する深い見識とノウハウを持ち合わせている税理士・会計士がさらに次の2つのスキルを身に着けることで、資本力に乏しい中小経営者の代えがたい参謀として貢献できるのです。

1. 中小企業に適合したマーケティングと戦略の知識
2. 社長の意識を変えるためのコミュニケーション術

AIがさらに普及し、価値観がより多角化する複雑なこれからの社会において、単に経理や税務を代行するだけの外注下請け作業型の会計支援サービスは、ますますコモディティ（汎用品）化し価格競争の対象になりかねません。

それならば、いまはまだAIや自動化では簡単に代替できない経営者への経営助言サービス、経営戦略のアドバイスサービスに磨きをかけ、他の事務所と差別化できるような専門家としての立ち位置を確立できるように努力していくことが肝要です。

本書では、これまで100人を超える税理士先生の経営相談に乗ってきた経験と、独立開業以来20年以上にわたって中小企業経営者の悩みを一緒に考え解決してきたコンサルタントの立場から、「成功する税理士参謀」の在り方の基本についてわかりやすく解説いたしました。

単なる事務屋としての会計事務所から脱却し、社長から信頼されて経営上の相談を受けられるような「戦略会計人」としてよりスキルアップするためのヒントを本書から少しでもつかんでいただけたら、こんなにうれしいことはありません。

2021年12月

公認会計士・税理士　経営コンサルタント
柴山　政行

目次

第3章 マーケティングとイノベーション

第4章 ミッション

第5章 戦略

第6章　経営計画

第1章

経営参謀の役割

1　社長の仕事

はじめに、社長の仕事について考えてみましょう。
ダン・ケネディというアメリカの著名なコンサルタントがいます。
ある日、彼が飲食店の経営者向けの講演をしていました。
会場には、数十名の飲食店オーナーが集まっています。
ダン・ケネディは、最初に次の質問をしました。

「あなたの仕事は何ですか？」

この質問に、もしあなたが社長であったなら、どう答えるでしょうか。
飲食店向けの講演ですから、聴講者はレストラン、パスタ屋、ラーメン屋、牛丼屋、寿司屋、和食屋、フレンチ、中華料理のオーナーなど様々です。

例えば、タイ料理を出しているオーナーならば「タイ料理を提供する仕事です」と答えます。ラーメン屋さんなら「ラーメンを売っています」と答えます。フレンチなら「フランス料理のコース料理が私たちは得意です」と答えるかもしれません。

私のような会計事務所も同様で、「税務申告です」とか「お客様に対して記帳代行します」と、扱っている商品を答えにしてしまいそうです。

これらの答えに共通しているのは、提供している商品を答えています。つまり**商品ベース**だということです。

実際の講演でも、飲食店のオーナーの多くは、やはり「レストランです」とか「○○料理を提供しています」と答えたのでした。

その答えを聞きダン・ケネディは、会場の向こう側にいるスタッフに紙幣を見せながら、「賭けは君が勝ったね」と言いました。参加者がどう答えるかをスタッフと賭けていたのでしょう。

このやりとりはなかなかユニークですね。高額セミナーのつかみとしてはとてもよく考えられています。

・・・話を戻しますと、正解は

私の仕事はマーケティングである

です。

「あなた」つまりオーナーの仕事は、イタリアンやフレンチや中華などの商品を提供することではなく、マーケティングこそが社長の最も大事な職務であるというのです。

言い換えると、**お客様を作ること＝マーケティング**、これが社長の職務であるということです。

特に起業して間もない会社や売上規模が1億以下の小さい会社は営業基盤が弱いので、何よりも優先して売上を増やすためのマーケティングが第一の仕事なのです。

「飲食店の経営」あるいは、「社員を雇用する」、「資金繰り」なども社長の仕事の一部ですが、正解とは言い難いのです。

お客様がいなければ従業員に給料は払えません。資金繰りからは粗利は生まれません。大事なことは利益（粗利益）を生み出すことです。

利益を生み出すのは、社長でも社員でも株主でも銀行でも、ましてや国でもなく、お客様です。

マーケティングとは、お客様を連れてきて、企画した商品を販売することであり、これこそが社長の一番大事な仕事だとダン・ケネディは示唆しているのです。

マーケティングの3つの要素

ここで、マーケティングという仕事を3つの要素から考えてみましょう。

マーケティングとは、

「マーケティング」＝「集客×販売×商品」（の一連の流れ）

です。

マーケティングの3要素の中でも、社長が何よりも第一に考えるべきは**「集客」**です。

あなたの会社が提供する商品を欲しいと思うお客様を見つけて連れてくること、これが集客です。お客様を集めることができなければ、いくら良い商品であっても、売上が上がりません。お客様に関心を持っていただいて、お店の前に連れてこないと何も始まりません。

集客が安定し、質の良いお客様が集まれば、マネジメントもしやすいはずです。質の良いお客様が来ると良い売上が立ちます。そうすると良いお客様が社員を育ててくれます。

常識的な感覚の社員であれば、良いお客様が来れば、それに応えようとするはずです。良いお客様を集客することにより良いサイクルができてくるのです。お客様の質が高ければ、販売はそんなに難しくありません。販売技術がそれほど優れていなくても苦労せずに商品は売れます。

ちなみに、販売する商品の品質が良いことについては、集客以前の大前提です。社長は、商品を買ってもらうということはどういうことか、お客様の視点で考えることが非常に大切です。

お客様は悩みや問題を抱えています。その悩みや問題を解決するために商品を買うのです。したがって、社長はお客様が抱えている悩みや問題について、誰よりも深く熟知しておく必要があります。お客様の悩みを聞き、徹底的に掘り下げて考えることが必要なのです。そして、お客様の悩み、問題を解決する手段としての商品を開発するのです。


お客様の悩みや問題を分かっていなければ集客はできません。それができていたからこそ、今まで会社を潰さず維持できて来たのです。

もし今、それができていないのであれば、変化するマーケットのニーズと会社の現状がずれてきているとみるべきです。

マーケットのニーズは絶えず変化し続けています。お客様の悩みは10年前や5年前とは違うのです。

お客様の変化する悩みや問題に応えてあげようとするのが、マーケティングの基本姿勢であるなら、お客様の問題解決という視点で経営を考えるのが社長の役割です。この意識を変えるだけでも会社の業績が上がるはずです。

社長は業務時間の7割以上を、どうやったら集客できるか、どうやったら集めたお客様に商品を販売できるかを考える時間に費やさなければいけません。

社長の仕事はマーケティングである。

具体的には、**集客―販売―商品開発の流れ**を作るということです。

特に年商1億円以下の会社は基盤が不安定なので、なおさらマーケティングが最優先されなければいけないということを、ぜひ知ってください。

社長の仕事は何か？

- マーケティング　〇
- 食品の提供　▲
- 飲食店の経営　▲
- 社員の雇用　▲
- 資金繰り　▲

社長が取り組むべき問題

- どうやったら集客できるか？
- どうやったら販売できるか？
- どんな商品を企画するのか？

⇒常に会社で一番考えている

2　税理士の仕事

税理士の仕事について考えてみましょう。

私の新人時代。今から30年ほど前の平成初期の時代は、税理士を取り巻く環境が今と全然違いました。その頃はまだインターネットがなかったので、主な通信手段は電話とファックスでした。そのため、顧問先に通うことは当たり前でした。

毎月顧問先に通い、顔を見せることによって人間関係が強くなりますので、お客様が離脱するのを防ぐ効果もありました。

また当時は、小切手で顧問料を支払っている会社も珍しくありませんでした。今では会計事務所で小切手を見ることはなかなかないですね。

顧問先に月に1回訪問して顧問料の集金をするという業務もありました。昭和から平成前半までの税理士は、御用伺いとしての訪問業務の重要性が非常に高かったのです。

また、私がまだ個人会計事務所に勤めていた１９９０年代は、銀行の担当者との直接やりとりもけっこう頻繁にありました。

面談や電話、ファックスがとても重要なコミュニケーションの手段だった時代です。通信手段が限られていたので、膝を突き合わせたコミュニケーションがとても大事でした。さらに、会計ソフトや情報処理技術のレパートリーが現在ほど充実していませんから、複写式の手書き帳票がとても多く煩雑でした。

決算書の印刷も、結構大変な仕事で、会計事務所で製本などもしていました。これでお金が稼げた側面もあります。手作業が多かったため、労働集約的な作業に対してお金が結構いただけたのです。

顧問料の相場は、月3~5万円が当たり前で、2万円台だと安いというイメージでした。年間の売上が1000万円や2000万円くらいの会社でも、月に3万円程度は顧問料として平気で払ってくださいました。会計業務は職人の仕事で専門性があり、付加価値がとても高かった時代です。顧問先が15件あれば、食べていけると言われていました。

近年は、税理士の高齢化も大きな不安材料です。

税理士の平均年齢は60歳代です。少し前の調査結果ですが70歳以上の比率も20%以上と高いのです。税理士の平均年齢が、一般企業における定年退職の年齢です。これに顧問料の低価格化が加わったのが、平成以降の税理士を取り巻く厳しい環境です。

市場の急激な伸びが期待できない超成熟社会にあって、会社の第一の課題は売上を伸ばすことです。そのための社長の仕事がマーケティングであることは前項で解説しました。さらに、働き方改革の進展により社員の管理も難しい局面を迎えています。

税理士を再定義すると

社長が抱えるこの売上アップと人の管理の問題を税理士はコンサルティングできるようにならなければいけません。それができない税理士は淘汰されていくでしょう。逆に言えば、売上アップと人の管理の問題をコンサルティングできる税理士のニーズは、今後ますます高まっていくはずです。

これからの税理士の仕事を再定義するなら、**社長の戦略におけるアドバイザーが主であるコンサル業務です。しかもコーチ型コンサルティング（※）です。**

（※）コーチ型コンサルティング

社長の経営相談を受けるにあたって、コーチング技術を用いた対話を中心とする手法で行うコンサルティングのこと。

日々の経営で社長が自覚する悩み（問題）を傾聴・承認・質問などの手段によって掘り下げ、その根本にある本質的な原因（課題）を特定してその解決策を社長と探し出し、行動計画に落とし込んでその後の検証とフォローを手伝う、といった一連のプロセスをサービスの主眼とする。

税理士の仕事は、日常反復的に行う従来の会計業務、いわゆる戦術のサポートを担うだけではなく、戦略アドバイザー、すなわち**経営参謀**としての役割で付加価値を高めていく必要があるのです。

経営参謀の第一の視点は「集客」

税理士が経営参謀として経営のコンサルティングをするときに一番大事な視点は、「集客」とその仕組み作りです。

参謀としてコンサルティングをするのであれば、

①「社長は本当にお客様の悩みを理解しているか」

②そして「悩んでいるお客様をちゃんと連れて来られるかどうか」

この2点に関する社長の姿勢を、聞かなければなりません。この2つの観点から社長に問いかけてください。

たいていの社長が一番に困るのは集客です。どうやってお客様を集めるのかを社長と一緒に考える姿勢が経営参謀としての第一歩です。このことを、ぜひ最初に覚えてください。

3　社長の現実

税理士が参謀として売上アップの指導をするにあたり、社長が置かれている現状を知っていただきたい。

多くの社長は、「社長のなり方」について、教育機関で専門的、体系だった教育を受けていません。「社長学」というロジカルな教育や、企業での帝王学も受けていません。

そこから浮かび上がる中小企業の社長のリアルの状況、現実はどのようなものか考えてみたいと思います。

社長の現実その1

社長は、職人の親玉である。

中小企業の社長の多くは、自分が以前属していた会社や事業グループの中で、トップレベルの実績を積んだ実務家であったと考えられます。したがって、所属していた会社の商売については熟知しているはずです。技術や専門知識については自信があります。これが「職人の親玉」という理由です。

自分がその職場でトップレベルの実績を持っているのに、勤めていた社長との間で、軋轢というか、なかなか自分の主張が通らず、不満に思っていることも多いわけです。自分は会社にこんなに貢献しているのに、十分な報酬や地位を与えられず、リスペクトされていないという不満を持ちます。社長になれば、他人から押さえつけられずに自由に仕事ができるはずだという思いが強くなり、独立を考えます。

独立しても、今の技術をもってしっかり商品を作り込めさえすれば、会社は儲かると思いがちです。しかし実際に独立してみたら、マーケティングや組織マネジメントは学んでいませんから、気合と根性で頑張るといった行き当たりばったりの経営になりがちです。

たまたま、時流に乗るとか、条件が揃うとかで、うまくいく人もいることはいるでしょう。100人いれば、5人ぐらいは運の良い社長もいます。しかし、残りの95人は、じり貧かギリギリの経営であることが常です。

専門知識は素晴らしく、商品やサービスにも良いものがあるケースも多いでしょう。ただ、未知のお客様をどのように集客して、どのようにゼロからお客様の信頼を築いていくか、これは職人の専門知識とは別の問題なのです。

勤めていた会社には歴史と、知名度やブランドや商圏があったはずです。前職で実績が残せたのは、そもそもゼロから信頼を作ってきた創業者や現トップの営業力のお陰だったのです。そういった看板の下で力を発揮できていたのだということに、気付いていません。ゼロから看板を立ち上げてブランドを作るプロセスを知りません。

そこがきちんとできてないと、良い物を作っているはずなのだけどお客様がついて来ない、と悩みだすようになります。

社長の現実その2

社長は、頑固である。

一度自分が正しいと思ったらなかなか変えません。

経営参謀は、それを踏まえて、社長と対峙していくことになります。

私がコンサルティングをしている税理士から、社長って頑固ですよねと嘆かれることがあります。そんな社長に対して、どうやってマーケティングを教えていいか分からないと相談をうけますが、実はそこがスタートラインなのです。

こちらがいくら教えようと思っても、社長は学ぼうとはしません。社長は人からとやかく言われたくないのです。業界のことは俺が一番知っている、あなた（税理士）は業界の外の人間でしょ、と。ですから、税理士が上から目線で教えてあげましょうと言っても、聞く耳は持ちません。

ではどうするか？

ここで、**コーチ型コンサルティングのスタイルを採用していく**ことになります。

理想は、話のやり取りしながら、社長がやるべきことに、自ら気付いてもらう、というスタイルです。

他人から言われるより自分で気付いたほうが、行動するモチベーションが高まります。

これは、上司と部下との関係でも同じことですよね。上司が部下に対して指示を出したとき、部下は、なぜこれをやらなければいけないのか、という納得感がないと動いてくれません。

コミットメントという言葉を聞いたことがあると思います。約束とか公約などといった意味があり、自分からコミットメントすることで、自ら行動を起こす可能性を高めることができます。

強制ではなく、社長自らコミットするような関係を、参謀との間で築くことが大切です。

社長の現実その3

社長は、社内に目がいきやすい。

分かりやすいところに関心が行きやすいため、社長は社内に目が行きがちです。社内に関心が向くと社外に目が向きません。特に、お客様の声をなかなか聞きません。本人は聞いていると言いますが、聞いたつもりになっているだけです。

そこを指摘をすると、社長は怒りだします。

社長をよく観察してください。儲かっていない会社の社長はほぼ間違いなくお客様のことを分かっていません。逆に、うちの会社の商品の良さをお客は分かっていない、客はバカだということさえ言っている社長を知っています。

この思考回路が変わらなければ、会社は永久に儲かりません。

社長の仕事として最も重要な集客などマーケティングは、社外に意識を向けなければできません。しかし、社内のほうがよく目に入るので、社長の意識は社員のほうに向きがちです。

コンサルをしていると社長の口から出てくるのは、「うちの社員は危機感がない」、あるいは「言ったことしかやらない」など社内の問題ばかりです。

そのように社内の愚痴を言う社長に限って、社員が業務の工夫をして、それがうまくいかなかったりすると、「勝手なことをするんじゃない!」と言って怒り出します。

こうなると、社員は仕事への意欲がなくなってしまいます。

本質的に、社員はリスクのあることをやろうとはしません。ですから、社員が新しいことに挑戦しようとするときは、誉めたり認めてあげたり、やる気が出るような前向きな対応を取るべきなのです。

それを忘れて、社員は言われたことしかやらない、言われたことさえやらない、などと社長の嘆き節を聞かされる羽目になります。

こういった内部志向の意識が強い社長にありがちな考え方は、「自分は変わる必要はないよ。でも部下は変わってほしい」というものです。社長が変わらない限り、社員にやる気を出せと言っても無理な話です。

ところが、コンサルタントが依頼されるのは、社員に研修してやってください、うちの営業マンを鍛えてやってください、あるいはお客様を説得する方法を教えてくださいです。

社長自身の意識が変われば会社は変わるのです。

この意識のパラダイム転換を引き起こさせるのが、柴山式コーチ型コンサルティングの神髄です。

社長の現実その4

社長は、戦略を勉強していない。だから経営の設計図は書けない。

これも知っておいてください。

社長の現実その5

社長は、商品知識は人一倍ある。ただそれが古い可能性がある。

商品知識が人一倍あることが、逆に妙なプライドになってアップデートせず古くなっている可能性があります。そこを注意してください。

社長の現実その6

社長は、数字が苦手である。

会社の状態を最もよく表すのが数字である以上、食わず嫌いでは済まされません。数字は得意とまでは言わなくても、ある程度数字を見るように変わってもらうのも、参謀の役割です。

社長の現実その7

社長は、お客様のところに行きたがらない。

お客様のところに行かないというのは、お客の声を聞こうとしないということです。よって、お客様のニーズが分かりません。

面倒くさいのです。また、耳が痛いことを言われることも多いですから、自然とお客様の声から遠ざかってしまいがちです。したがって、マーケティングができていません。

お客様の声を聞きに行くという、主体性を持った姿勢に社長を変えることも、参謀の役割です。

社長の現実その8

社長は、今あるものをなかなか捨てられない。

いったん始めた事業、あるいは惰性でやっている前例を捨てられない。でも捨てた方が儲かるのです。

以上、8つの社長の現実を知った上で、この現実を反対の方向に転換できれば会社は儲かります。このことを知っておいてください。

4 経営参謀が必要なワケ①

なぜ経営参謀が必要なのかを考えてみましょう。これは、社長の現実と通じる話になります。

社長の仕事の第一は、マーケティングであることを前述しました。つまり、集客─販売─商品の一連の流れを作ることです。そのような正しいあるべき仕事に対して、社長の現実との間に大きなギャップがあります。

前項で、社長の現実は、次の8点に集約されることを指摘しました。ぜひ覚えておきましょう。

1. 職人の親玉であって戦略家ではない
2. 頑固であって柔軟性に乏しい面がある
3. 目に見えやすい内部マネジメント中心に意識が向きがち
4. 戦略を学ぶ機会がなかったので、戦略を知らない

5. 商品知識は基本的に人一倍あることが多い
6. 数字が苦手な人が多い
7. お客様のところへ行かず、お客様の声を聞きたがらない
8. 捨てることができない

残念なことに、この「社長の現実」に対して社長本人は無自覚です。儲かる経営の大原則は存在するのですが、それを学ぶ機会がなかったので、職人の親玉として、なんとなく日々の経営を行ってきてしまっているのが現状です。

社長は常に人の上に立つ立場にあるため、他人の意見を素直に受け入れませんが、これはもう仕方がないことです。

そんな頑固な社長に対し、彼または彼女をどう動かすか、といった考え方では、経営指導はうまくいきません。社長の自主性に期待するしかないのです。その自主性を育てるところで、参謀が必要になるのです。

今、社長は間違った思考の部屋にいるわけですから、誰かが外からノックしてあげないといけません。間違った思考の中にいるから儲からないのだ、ということを気付かせることが必要なのです。

経営参謀はフィードバック役

参謀は、社長が儲からない思考回路の部屋にいることに、自ら気付くお手伝いをするのです。社長に外部から気付きを与えることを**フィードバック**といいます。参謀はフィードバック役なのです。

社長がいつ気付くかはケースバイケースですが、会社というのは現状のままでも2、3年はなんとか乗り切れるものです。ただし、その2、3年の間に気付いてもらう必要があります。

参謀は、焦らず、じっくり指導すればいいのです。すぐに結果が出なくても、社長との信頼関係さえ築けていれば大丈夫です。フィードバックを行いながら、1年、2年、3年経つほどに、だんだん会社が良くなっていきます。少しずつ社長が現実に気付いて、自覚するようになります。

社長に自覚を促せるのは、身近にいる参謀しかいません。

社員が参謀役をできないかという考えも浮かんできそうです。しかし、部下は社長に人事権と給料を握られています。クビを覚悟で社長に進言することなど、どだい無理な話です。

ですから、外部のいろいろな事例を知っている税理士、本書をお読みのあなたが、参謀役として、社長に意見を言うのが良いのです。

私は**税理士参謀論**を唱えています。全国で7万人以上いる税理士が参謀としての力をつけた場合、その先には150万社、200万社の企業があるわけです。

それほど多くの会社の社長が、税理士である参謀の力を借りて経営のレベルを上げたら、日本経済はものすごく活性化されるはずです。

そもそも社長は、経営のことは分かっていないと考えたほうがいいのです。分かっていると言い切る社長はむしろ危ない。

「私も経営者の端くれですから」と言って、プライドをのぞかせる社長がたまにいますが、参謀は、いい意味でそれを打ち砕いて欲しいのです。「経営者」という下手なプライドはいりません。まず謙虚に学ぶ姿勢が一番大事です。

商品知識は社長さんがお持ちです。ただし、「経営」はむしろ我々税理士が専門家になるべきなのです。経営の勉強をしましょう。

外部の参謀が必要な理由は、社内では参謀役が育たないからです。そして社長は現実的に参謀を必要としています。

5 経営参謀が必要なワケ②

前項で社長に気付きを与える、フィードバックすることが経営参謀の役割だと書きました。以下では、どのような気付きが必要なのかを見ていきます。

社長は自分では気付いていませんが、頑固です。

社長は孤独ですからなおさらです。

現実問題として、会社は儲かっていません。なぜなら、社長は気付いていませんが、儲かるための原則に何かしら反した経営をしているから儲からないのです。儲かるためには、社長の意識を儲かるための原則にピントを合わせればいいのです。

儲かるための原則は、まず、お客様にとって当社が1番になることです。お客様は1番にしか頼みません。ある特定のニーズに対して当社を一番最初に思い浮かべてもらわないと、お客様は連絡をくれません。

富士山のことは知っています。日本で一番高い山は知っているけど二番に高い山を知っている人は少ないですね。１００人中90人は知らないでしょう。

お客様のニーズは変化します。

今は1番でも、5年後も1番であるという保証はありません。

10年前、ここまでスマホが普及するとは誰も思いませんでした。10年前はガラケーです。ガラケーの10年前はPHSです。その前はテレホンカード、その前は公衆電話です。これだけ変わってきています。つまりニーズが変化してきたということです。儲からないということは、お客様のニーズの変化に対応できず、ズレが生じているということです。そのことに気付いていません。

付き合うべきお客様を選ぶということです。

付き合うべきではないお客様もいます。自分にとって理想のお客様と付き合うことが、高収益体質への道です。

会社の実態に合ったお客様から質の高い仕事を取ってくれれば、多少の無茶ぶりや高い要求があっても必ず売上を達成できます。ですから、付き合うべきお客様をしっかり選ぶことが重要です。

値下げばかりを要求してくるお客様とお付き合いを続けても仕方がありません。正当に評価してくれるお客様であれば、要求が少しばかり厳しくてもいいのです。厳しくても正当な要求をして、会社のレベルを上げてくれるお客様を選んで付き合うことです。そのようなお客様であれば、社員は納得しますし成長もします。

社長が、ニーズがずれている、無理して付き合うべきではないお客様を取ってくると、無理な仕事になり社員が疲弊します。社員が疲弊するような無茶ぶりのお客様を連れてくるから、会社がブラックになるのです。

理不尽な要求をするようなお客様を連れてくるのは、社長の責任です。これはマーケティングの集客の問題です。

社員を正しくマネジメントすることが重要です。

ここで言うマネジメントは、社員を使いこなすこととは違います。社員が生産性の高い仕事を、モチベーション高くできるように導くマネジメントです。無理矢理やらせたり、上から押さえつけたりするという意味ではありません。

昭和の時代と今は違います。社員がモチベーションを高くして、社員自身が責任感を持って自ら率先して仕事をするような仕組み作りをすることがマネジメントです。

社長がやるべき最も大事なことは、リーダーシップの発揮です。

リーダーシップを発揮するとは、正しい場所にはしごを架け、儲からない事業領域を避け正しい事業領域に行き、正しい仕事ができるように道筋をつけることです。はしごを架ける場所、すなわち行く先（＝目的）を間違えないということです。はしごを架ける場所を間違えたら、つまり目的を間違えたら、マネジメントもうまくいきません。

日々のマネジメントが取り扱う主なテーマは「戦術」であり、正しい目的（適切な場所）やそこに至るプロセスとしての「戦略」（しっかりしたはしご）を前提とした効率性の追求です。

間違った場所にはしごを架けたら（＝間違った目的を設定したら）どうなるでしょうか。はしごを架けた先が崖だったら、崖に向かって一生懸命に進むことになります。

多くのリーダーが間違った目的、間違った方向性、間違った戦略の設計など、総じて下りのエスカレーターに部下を乗せるような愚かなことをやってしまうのはなぜでしょう。

それは、戦略知識を学ぶ機会がなかったからです。

名著である『7つの習慣』でスティーブン・R・コヴィーが書いている「第2の習慣」

につながるのですが、**正しい場所にはしごを架けるとは、正しい計画を立てる、正しい仕事をする、正しい事業をする、ということです。**

十分に情報収集し、正しい場所に登りやすいはしごを架ける、そして、正しい場所にはしごをかけた後（目的と戦略が明確になった後）は、目的地に向かってはしごの効率のいい登り方をすることを求められます。この、スピーディーに正確に物事を行う作業効率がマネジメントの領域です。戦略（リーダーシップの領域）を知らない多くの社長は、この日々の反復作業に関わる効率ばかりに目がいき、戦術（マネジメントの領域）でうまく商売することを経営だと考えがちです。これは間違いです。

正しいお客様、正しい商品、正しい事業に照準を定めてそこに投資をするための道筋をつける。これが本来のリーダーシップです。

正しい場所にはしごを架けましょう。その先には幸せが待っています。良いお客様が待っているような場所にはしごを架ける、つまりお客様のニーズの先回りをし、確実にそのはしご（戦略プロセス）を登り切ったら良いお客様がいる、という流れが正しい経営の姿です。

常に世の中の変化の行方に気を配り、自社の主要なお客様のニーズがあるマーケットで仕事をしましょう。ニーズがないマーケットで頑張っても儲かりません。

リーダーシップについて、圧倒的に社長は弱いです。ここに税理士が参謀として社長を導くチャンスがあります。

社長の現実を知り、そしてやるべきことに気付かせる。また知識不足を補ってあげる。そして社長がリーダーシップを発揮するように導くことが参謀の役割であり、必要性なのです。

ぜひ、このことを心に留めてください。

第2章

2

人格の重要性

1　中学生の正論

経営参謀たるもの、人格面の研鑽を常に怠らないことが重要です。

人格とは、他者への影響力と言い換えることができます。

デール・カーネギーの『人を動かす』という有名な本があります。この本の英語の題名は、"How to Win Friends and Influence People"です。

How to Win Friendsで、友達を作るという意味ですが、これは人に信頼されるということを意味しています。

原題の後半は"Influence People"ですが、この部分は他人に対して影響を与えられるような人間になるという意味です。

つまり、原題を正確に解釈するならば、**「まず人に信頼される自分になり、そしてつぎに影響を与えられる人になる」**ということです。

個人的には「人を動かす」という和訳は若干語弊があると思っています。

人を動かす、という短いフレーズにまとめられたタイトルは確かにインパクトがあり、センスを感じます。しかし、このタイトルから感じられる印象は、「自分は動く気がないけど人を動かす」といったものになりかねません。

そこで注意しておきたいのは、「人を動かすテクニック」というよりは、自分が先に動いて自分自身の人格が変わり、信頼される人になって、他人が自ら動くように仕向ける影響力を持ちましょう、ということが本来の趣旨である点です。

「自分の思考・行動が変わることによって、人が動くようになる」という内容の本なのです。

著書『７つの習慣』で有名なスティーブン・Ｒ・コヴィーは指摘しています。

過去２００年間のアメリカの文献を研究した結果、その前半１５０年間は人格主義や根本的な本質的なことを説いた本が多かったけれど、１８００年代末から１９００年代前半までの50年間はテクニックを説いた本が多かったそうです。

「人格面がレベルアップしていないのに、話し方や聞き方などテクニックで人を動かす風潮がみられ、これは嘆かわしい」と言っています。

このことからも分かるように、大事なのは小手先のテクニックではありません。特に現代は、ＹｏｕＴｕｂｅやネットで様々な情報が入ってきますから、彼らが発信するテクニックや短期的な技術論に関する知識量にはすごいものがあります。

例えば、テレビでも有名なメンタリストＤａｉＧｏさんの影響力は大きい。彼の心理学に基づくテクニックは皆が知っていますから、上司が下手なコーチングスキルを使うとＤａｉＧｏさんの受け売りみたいに言われてしまうことがあるかもしれません。付け焼刃で小手先のテクニックを使うと、かえって怖いですね。

人に動いてもらうためには、自らの内面を変えないといけません。信頼を得るような人間になることです。

例えば、中学生が何か格言のような話をしたとして、その話を社長は聞くでしょうか。「なんでお前からそれを言われなきゃいけないんだ。その前に勉強をしろ」となりませんか。大人は中学生が正論を言っても聞きません。人間はなかなか目下の人間の話は聞かないものです。

ところが、同じことを師匠に言われたらどうでしょうか。

「社長、やっぱり会社というのは長期的な視点が大事だよ」と、人生の尊敬する師匠に言われたのと、同じ内容でも中学生に言われたのとでは、受け取り方が全然違うはずです。

あなたは、どちらの立ち位置になっているでしょうか。中学生の正論になっていませんんか。

中学生の正論と師匠の正論の違い

では、中学生と師匠では何が違うかを少し考察します。中学生の正論をなぜ聞かないかというと、大きく3つの理由が考えられます。

〈経験〉

中学生は人生経験が乏しいので、信頼を得るのは難しい。

〈知識〉

中学生は知識の面でも十分とは思われないので信用されません。知識がないと思われたら、正しいことを言っても聞いてもらえません。なお、ここで必要な知識は、業界の知識ではありません。**「戦略の知識」**です。

戦略の勉強をすることが、コンサルタントの必須条件です。経営戦略のプロになってください。もしも「知識が足りない」というのであれば、意識して学びましょう。

戦略について一定レベルの知識が必要です。それは広く浅くではありません。大学の経営学のテキストを読む必要もありません。

まず、**ランチェスター戦略と3C分析**の2つを徹底的に学んでください。

1年もあれば講演ができるようになります。目標勉強時間は300時間です。1日1時間勉強していけば、1年もかかりません。私の経験に基づく個人的な印象ですが、ランチェスター戦略に100~150時間、3C分析に50~100時間の配分でいいでしょう。これを実行すれば、あなたは参謀としての最低限の経営戦略の知識が身に付くはずです。

日商簿記検定2級取得レベルで200時間と言われます。簿記の初心者が2級を取得するのと同じレベルです。

まずは、社長から「戦略についての専門家」と認めてもらわないとはじまりません。

〈人格〉

中学生は、まだ発展過程で人格の形成中です。一方、皆さんには税理士としての人生経験があります。

人格に関しては、デール・カーネギーの『**人を動かす**』**の3つの原則**が大事です。具体的には次の3つの原則を丁寧に学んでください。

第1原則　非難しない

第2原則　誠実に評価する

第3原則　相手の中に欲求を起こさせる

同書は30の原則を取り上げていますが、全体に通じる中心的なポイントが、この最初の3つの原則だと私は考えます。

さらに、スティーブン・R・コヴィーの『**7つの習慣**』も読んでください。漫画版もあります。コンサルタントとして日本トップレベルになりたいなら、「7つの習慣」は3回以上読むことが必要であり、それが近道です。

人格を磨く7つのポイント

人格を磨くには、次の7つのポイントが、私は大切だと考えています。

1つ目、まず自分自身が積極的なモデルになるよう努力しましょう。

社長が、あなたみたいになりたいと思うようなモデルになってください。今日から日々の実践でモデルになるような行動をとってください。そして、人格を熟成させましょう。率先して自発的に行動してください。

2つ目、目的意識を持ちましょう。

3つ目、優先順位の高いことを優先するという態度で、普段から仕事しましょう。

今までもやっていると思いますが、より一層意識してください。

自発性、目的意識、優先順位などを普段から心がけていると、それを見ている社長は、

「この人は信用できる」と思います。普段の態度からにじみ出るものです。

4つ目、相手の話を聞くということです。

相手の話をよく聞いて理解しましょう。経営参謀になりたければ、人の話をよく聞くということを習慣化してください。

5つ目、相手を非難しないことです。

頭ごなしに否定しないということです。

6つ目、相手を承認してください。

誠実に評価することで、アクノレッジメントといいます。簡単なことでいいから相手の仕事を認めて、それを表現することです。

7つ目、約束を守ってください。

時間に遅れないなど、小さな約束でいいので、約束は守るという意識を持って過ごす。私も普段から意識するよう心がけています。

小さな約束だからといって約束を破ってしまうと、相手の信頼を失ってしまいます。これは「7つの習慣」でも言っています。

約束はきっちり守るのは当たり前のことですが、その当たり前をもう一度見直しましょう。

以上の７つを意識して人格を磨きましょう。

成熟した大人として、社長が「この人の言うことは聞きたい！」と思ってくれるような人間にならないと、経営参謀にはなれません。

じっくり取り組んでください。１年後にそうなっていればいいのです。

2 信頼残高がすべて

信頼残高という言葉は、『7つの習慣』の「公的成功」というところに出てきます。信頼残高とは、貯金残高のように、相手にとって自分に対する信頼の大きさを残高で表現したイメージです。残高が高ければ相手からの信頼が高い、残高が低ければ信頼が低い、マイナスならば相手は憎悪の念さえ抱いている、そのような感じです。

経営参謀が提供するのは見えない商品ですから、信頼関係がとても大事です。では、どうしたら信頼残高を増やすことができるか。これがテーマです。

信頼関係がある状態とは

お互いに協力関係を組んで、大きな成果を出すには、相手が自分を信頼してくれなければ無理です。では、信頼関係がある状態とはどういう状態でしょうか。

それは、**自分の考えと違うことを言われたときに、拒否されずに受け入れられる状態の**

ことです。特に自分にとって耳が痛い話のときには、信頼関係がないと受け入れてくれません。

前項の中学生の正論につながりますが、例えば、コンサルタント1年目や20代でほとんどキャリアのない人から、「社長、継続って大事ですね」と言われたら、「あんたに言われたくはないよ」と思いませんか。

一方で、次のような話を聞いたとします。

「私は2004年からメールマガジンを16年間発行しています。まぐまぐというメールマガジンの配信スタンドの会計系のメールマガジンでナンバーワンを目指しました。3年間で1000万円の投資をして3年後、5万5千人の読者を獲得しました。私が5万5千人を獲得するまでは3万人くらいのメールマガジン読者数が1番だったのですが、私はそれを研究して1番になりました。その後、メールマガジンを用いたマーケティングを行って、いろいろ商品を販売していたら、今日までの段階で累計数億円規模の収益を獲得したのです。そこで分かることがありました。メールマガジンをコツコツと発行してみて分かったのですが、やはり継続は大事ですよ」

1つの仕事を16年間続けるだけの根っこがあるのだから、この人が言うのなら聞こうとなりませんか。

経営参謀たらんというあなたは、今日から1年後、3年後や5年後の姿を踏まえて、コツコツ努力をしましょう。


実績もそうですが、その人の普段の行動や立ち居振る舞いの積み重ねが、やはり信頼につながります。表現が下手で信頼がなさそうに見える人もいますが、信頼があるように振る舞うコツもあります。もちろん、同時に人格を磨いてください。

信用と信頼

ここで、信用と信頼の違いを考えてみましょう。

信用は、信じて用いる意味なので、理性を伴います。仕事の面であいつは信用できる、というように外注先などに仕事を振るときに信用という言葉を使います。つまり、能力の問題ですから、理性的に判断することになります。

対して信頼は、信じて頼ると書きますので、相手に心情的に寄りかかることにつながります。これは感情を伴う心理状態です。信頼は相手との感情的な結びつきを背景としています。この「信頼」の有無が、コンサルティングでは重要なポイントとなるのです。

経営参謀は実際の作業をしません。社長に仕事をしてもらわなければなりません。したがって、社長から信頼を得ること、すなわち信じて頼られる感情的な結びつきが大事になります。社長の手足となる下請けになってはいけないのです。

経営参謀の仕事として、必要であれば勇気を持って社長の耳の痛いことも言わなければならないこともあります。耳の痛いことを言われても相手を信頼しているから、素直に受け入れられるのです。

柴山先生に耳の痛いことを言われたけれど、先生を信頼しているから受け入れる、という感じです。信頼がないと、こいつに言われたくない、と憎悪の念さえ湧いてしまいます。

信頼を得るためのポイント

では、耳の痛いことを言っても大丈夫な信頼を得るにはどうするか。いくつかポイントがあります。

嘘をついたり、思ってもいないことを言ったりはしないことです。

結構やってしまいがちですね。例えば、今度食事に行きましょう、今度飲みに行きましょう、と気軽に言いますが、あれは口先だけの社交辞令であることが多いと思いませんか。心にもないことを口にすることが習慣化すると、相手の信頼が一向に深まりません。

社交辞令も最小限にしましょう。

小さな積み重ねが、その人の人格を形成してしまうこともあります。つまり、言ってもやらなくていいのだとなってしまいます。それは参謀としては致命的です。

飲む気がなかったら「飲もう」と言わない。それぐらい重要です。言うのであれば、本当に約束を取り付けます。

また、「明日までにメールを送ります」と言ったけど送らなかった、というのは避けたいところです。身に覚えはありませんか。これをやってしまったら信頼を失います。

最初は許してくれるかもしれません。でも、何度もあったら、この人はこういう人なのだと烙印を押されます。小さな約束こそ守ってください。

「明日送る」と言っても、今日送るのです。

できないことを言ってしまったら、素直に訂正して謝る勇気も必要です。そうすることにより自分の言葉に責任を持つようになります。そのような人は信頼されます。

たとえば、次のセリフを考えてみてください。

「私がコンサルをしたら100％結果を出せます」

こういったことを安易に言葉にしない細かい配慮ができる人は、言葉に責任を持てる人ですから、信頼を高めることになります。信頼残高が増えるのです。

まず小さいところから始めましょう。小さな約束を守る。今日からできることです。


もう1つは、**相手の理解に徹するということです。**

相手を理解しようとして、相手の話を聞きましょう、ということです。

この人は話を聞いてくれるのだと思われたら信頼されます。自分が話すのは2割か3割にし、7割、8割は相手の話を聞きましょう。

話をするときは、胸襟を開くことが大切です。自分を偽ったり、誇張したりないことが大切です。この人は自分を偽らずに正直に話をしてくれるのだなぁ、ならば私も話しましょうという、**返報性の法則**というものがあります。

自分のことを正直に開示することも効果的です。開示をする際に差し障りがないのは子供時代の話です。

子供のときによく先生に怒られて立たされました、というような話。子供のときは、サッカーをやりたかったけど、地元に少年野球団しかなかったんですよ、というような話。

エピソードも少しジャンルを変えて、野球、勉強、人間関係、恋愛などの軽い話がいいでしょう。あまり深刻にならない程度で子供時代の小さな失敗やトホホな話を織り交ぜることで、相手の緊張をほぐしたり親近感を高めたりすることができます。

他に、若いときに深夜まで飲みすぎてしまって朝寝坊して大目玉を食らいました、など挽回可能なほどほどの失敗談はいいですね。また、家族の話題もいいです。様子を見て、うちの子供がね、と家族の話をするのです。趣味の話も、相手の趣味を聞いてハマればオッケーです。

ただし、相手がリアクションに困るような面倒な話は避けながら、上手に話題を選びましょう。あまり自慢にならないように注意をしましょう。

リラックスして、ソフトに話すことも重要なポイントです。上手くやろうとして、かえって緊張する人がいます。ビデオを撮って自分の話し方をぜひ研究してみてください。つまらなそうに話している方が結構いますから、まずはニコッと笑顔です。

スティーブジョブズがプレゼンしている姿は格好がいいですよね。誰でもいいですが、皆さんお気に入りの格好いいと思う人の姿、笑顔を真似すればいいです。

ニコッと笑って、「私にお任せください！」この雰囲気で知的な笑顔を練習しましょう。

3　ぶれない人になる

ぶれない人になるとは、言い換えると**一貫性を持った人になりましょう**ということです。

あなたが仕事相手としてパートナーを選ぶときのことを考えてみてください。

先週と今週で言っていることがコロコロ変わる、態度が変わる、一旦ここで決めたけど将来どうなるか分からない、というようなはっきりしない人と、信頼してパートナーを組めますか。

コンサルティングというのは、会話の商売です。会話だけで1時間5万円や2時間10万円を払おうという相手に対して、話に一貫性がなく、ぶれがあったら、その人を信頼しようと思うでしょうか。この人の話、態度は一貫性があると思ってもらうことが必要です。

これは、頑固とは違います。頑固とは変化を受け入れないということです。変化は受け入れるけれども、根本的なポリシーや哲学やその人の価値観のところでぶれないことです。

状況の変化に対応することができない、あるいは周りからのフィードバックを受け入れながら柔軟に対応することをしない人は頑固です。頑固でポリシーがない人は、いちばん信頼を得ることが難しいタイプです。いくらテクニックを学んでも、そもそも受け入れてもらえません。

人の言うことをよく聞き入れるけれども、価値観はぶれない。こちらを目指しましょう。前項のテーマである信頼と1セットで覚えて欲しいポイントです。

「モデルになる」

私は、税理士にもコンサルティングしています。その税理士の先に顧問先の社長がおられます。

私の顧問先である税理士が、その税理士の顧問先の社長から社員や売上の相談を受けたとします。その税理士はどう答えるか悩みます。そんな時、次のことを思い浮かべます。

「柴山先生ならここで、ニコッと笑って〝大丈夫です!〟と言うだろう」

私がとるだろう行動を予測して、同じように実践する。こういった行動を繰り返しているうちに、自分にとってやりやすい、得意なコンサルティングの形が徐々に確立されていいきます。

「あの人ならこうするだろう」と予測され、しかもそれが的確な行動であるなら、仕事を依頼される確率がグーンと高まります。

あなたならこうするだろうな、と周りの人に思ってもらうことです。それがお手本になれば上等です。さらに発展すると、「あなたみたいになりたい」「〇〇さんみたいになりたい」となります。ちなみに、私が言ってもらうと嬉しいのは、「柴山先生みたいになりたい！　柴山先生の生活に憧れている！」というような言葉ですね。

これをコーチングの世界では**「モデルになる」**といいます。

以上のように、クライアントが自分のことをモデルにしてくれている、と自覚できるようになったら、普段の生活が、よりいっそう身が引き締まりますね。いい加減なことができないから、毎日目標設定をして頑張ろうという気になります。

ぶれない、一貫性があるとは、その人の行動がある局面において予測ができる人である、という意味をお分かりいただけたでしょうか。

ぶれないための実践

ここからは、ぶれない、一貫性のある人になるために何を実践するか、考えてみましょう。

1つ目は、できることはすぐにやるです。

できれば今日からやりましょう。言葉に責任を持つ。私もまだ十分にできているとは思いませんが、言葉に責任を持つ。言ったことはちゃんとやれ、やる気がないなら言うな、ということです。

「誠実性」というのは、言葉に行動を合わせることです。相手の信頼を得るために大切な行動習慣は誠実性です。言ったことはちゃんとやる。これだけでもかなり信頼性が高まります。言葉に責任を持ちましょう。

2つ目は、人によって態度をコロコロ変えないです。

たまに、上司には平身低頭しているくせに、部下には厳しくあたり、顔つきまで違ったりする人がいます。本人は、このことに案外気付いていません。これはとても損をする行動習慣ですから注意が必要です。

例えば、売上が100億円の会社の社長さんにはヘコヘコしているのに、1000万円の個人事業の事業主さんには横柄な態度を取るといったことは避けましょう。偉い人にはフランクに、偉くない人には敬意を持つというぐらいでちょうどいいのです。周りはちゃんと見ています。

言葉に責任を持つ、人によって態度を変えない、この2つは今日からでも実行できます。

3つ目は、明確なポリシーを持っているです。

明確なポリシーを持つ、あるいは使命感といってもいいでしょう。ミッションとも言います。

あなたは明確なミッションを持っていますか？　持っているなら、そのミッションを周りに公言してください。そうすると言葉に責任を持たないといけなくなりますから、態度・行動が変わります。

私自身も自分のミッションを設定して、手帳に書いてあります。

1. 何事にもアグレッシブに挑戦する。
2. すぐに感情的にならない。
3. 周りを不安にさせない。

油断すると感情的になりやすいので、すぐに反応して怒らないように日頃から気を付けています。周りを不安にさせないために、ネガティブな言葉は皆の前では言わないようにしています。

4つ目は、勇気を与える人間になるです。

その結果、人の行動に変化をもたらすのです。**柴山式コンサルの神髄は、お客様に行動の変化をもたらすことにあります。**

多くは、変化へ踏み出す勇気が出ないのです。ですから、経営参謀は相手に勇気を与える人間になりましょう。そしてその変化を自分の味方にする。

私の死生観に、「明日死んでも後悔のない人生を今日送る」「今日やれることは今日やる」があります。明日、万が一交通事故で死んでも、悔いがなかったと言いたいからです。明日死んでも後悔のない人生を送る。そのための、今日できることは今日のうちにやる。もっと言うと、大事なことは少しでも前倒しをする。これは私のポリシーです。

もし、私が他人に行動の変化ををもたらす勇気を与えることが出来ているとしたら、私のこの死生観が根底にあるからだと思っています。

5つ目は、苦しいときこそ笑顔で立ち向かうです。

誰でも苦しいときはあります。その時にニコッと笑う。空元気でもニコッと笑う。結果を人のせいにしない。そして、愚痴を言わないことです。

例えば、業績が下がったときに「消費税が上がったから・・・」などと、外部環境要因に原因を求めるようなことは言わないほうがいいでしょう。もしも心の中でそういった考えが浮かんだとしても、口に出して言わないことです。

他責と言いますが、結局、なんでも環境や他人のせいにする「他責」な人は、態度に一貫性がなく信頼を得にくいです。なんでも周りのせいにするのでコロコロ変わるわけです。

4　捨てる勇気

コンサルティングで最初に取り組むべき非常に重要かつ難しい仕事の1つに、高収益事業の妨げとなる無駄な習慣、無駄な行動をいかに捨てさせるかということがあります。

企業活動にはそれぞれ歴史があります。うっかりすると惰性に流され無駄なことを続けてしまいがちです。無駄をなくし、経営資源に余裕をもてるようになれば、その空いたスペースに必ずと言っていいほどより良い活動が入りこみます。

これまでのマイナスの活動を止めるだけです。プラスマイナスゼロの活動に変えるだけでも、良い結果が出ます。

「捨てる勇気」を持ってもらうのです。

そもそも企業は経済価値を生み出すために存在します。その経済価値を基に利益を生み出すため社長以下、多くの社員が活動しています。営業、事務、商品開発然りです。スーパー社員がいなくても、画期的な商品を追い求めなくても、ストレスなく必要な経済価値を生み出す仕組みを作ることが必要です。そうしないと安定的に経済価値を生みだすことができません。この仕組みを作ることは、無駄を捨てなければできません。なぜなら経営資源に余裕ができないからです。参謀はこの仕組み作りの指導をします。

事業活動の中には、会社の収益を妨げる無駄な項目がたくさんあります。無駄なものに栄養を与え続けても意味がないでしょう。経営参謀は、会社の無駄を捨てるための指導に１００％集中してもいいくらいです。それくらい、捨てることは難しいのです。

無駄をなくし空いたスペースに、何を入れるかを社長と一緒に考えればいいのです。

5　優秀な会社に共通しているポイント

業績向上の妨げになる活動の削減が進んだら、並行して高収益事業構造に向けての改革に着手します。

ここで、高収益をもたらす優秀な会社に共通しているポイントが5つあります。

これは伝説のコンサルタントである一倉定先生の『社長学』という本から引用させてもらいます。

1番目は、怠慢の追放です。

要するに、怠け心、怠惰な心の追放です。社長の怠っているところ、サボっているところを追放します。

2番目は「成果はお客様から得られる」という事実の理解です。

社員の給料もオフィスの家賃も、様々な経費も税金も、すべてお客様から頂戴する売上代金、すなわち、商業ならば「売上高－仕入原価」の粗利益、工業ならば「売上高－材料費－外注費」の加工高が原資になります。

つまり、企業活動の成果は、一にも二にもお客様から生じるのです。言い換えれば、決して社内の管理活動から成果が生まれるものではない、ということです。

3番目はスクラップアンドビルドです。

スクラップとは、世の中の変化に合わず古くなったものです。

例えば、２０２０年の2月以降から新型コロナの感染によって社会は大きく変化しました。もちろんコロナ禍によってマーケットの様相も大きく変わってきます。このような大きく変化した市場の環境にあって、会社の組織、商品、サービスの体制が旧態依然でいいわけがなく、必然的に変わらざるを得ません。

新型コロナ前の社会、すなわち２０１９年までの社会で良いとされていた活動や習慣や仕組みは、新型コロナの後は適合しなくなってきます。この変化をいち早く察知して、新しい社会・市場の変化に合うように、会社の経営戦略も変えていかなければいけません。

これまでの成功体験の一部でも捨てるとなると、大きな勇気がいりますし、現場の抵抗も予想されます。ここで社長の胆力が問われます。正しいと判断したら、社内を調整して、あるいはリーダーシップを発揮して止めるべきことは止めることです。

難しい決断ですが、新型コロナ渦で、２０１９年までと２０２０年以降は全く社会の様相が違って見えます。

２０１９年以前ならばマスクをしないことが当たり前でした。しかし、新型コロナが世界的な流行を見せた後、外を歩くときはマスクをしないとまずいという状況に一変しました。マスクをしないことが非常識だと思われるぐらい社会が変わりました。

社会が1年で大きく変わってしまったのです。このような変化に対応するには古い習慣や活動をいち早く切り捨てることが、時として非常に重要になります。

図をご覧ください。これは『7つの習慣』（スティーブン・R・コヴィー著）の「第3の習慣」を参考にしています。

縦軸の上が「今すぐ」、下が「そのうち」、そして横軸の右側が「必要」、左側が「不要」です。「必要かつ今すぐ」が右上の第1象限、「不要かつ今すぐ」が左上の第2象限、「不要かつそのうち」が左下の第3象限、「必要かつそのうち」が右下の第4象限となります。

まず、今すぐやるべき仕事は、「緊急かつ重要」という領域の活動に相当します。このカテゴリーに入る活動が一番多いと、いわゆる「忙しくて目が回る」状態といえるでしょう。この第1象限に当てはまるのは、例えば、締め切りのある仕事、必要な報告書や書類の作成、必要な会議、あるいはクレーム処理などです。

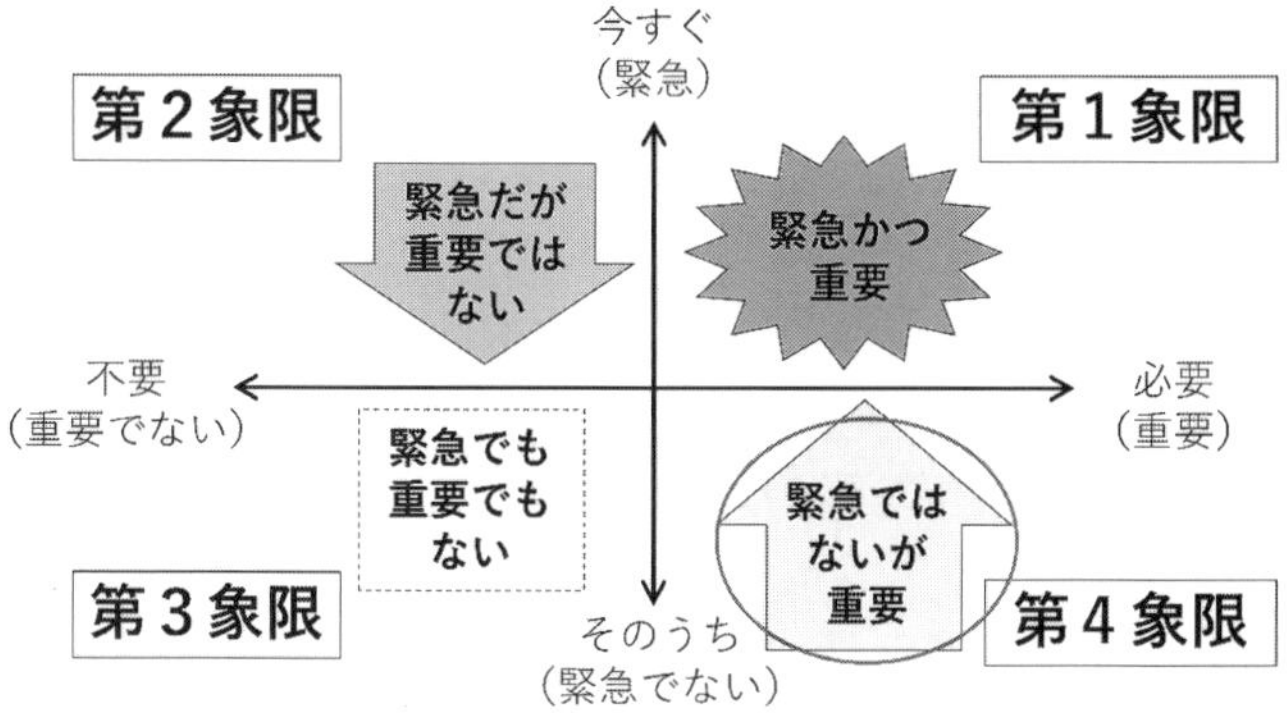

税理士の仕事であれば、確定申告や法定調書の提出などです。会計事務所が請け負う仕事は、多くの場合、緊急かつ必要なものです。

これら緊急性が高くかつ必要性が高い重要な仕事が多いと、非常にストレスが溜まります。

次に左上の第2象限です。これは「今すぐ対応を迫られるが、本当は不要なもの」で、重要性が低いと言われるものです。これはやらなくていい仕事なのですが、本人はやったつもりになりがちです。例えば、移動時間やものを調べる時間がそうです。これらに必要以上に手間かかってしまうと、貴重な時間を浪費することになります。また、突然ふらっと寄ってきた来客や、急に来た意味のない電話、やらなくてもいいイベントや必要のない会議、不要不急のメールなどです。意外に多いのは、だれが読むのか分からない、あるいは活用されていない報告書やレポート作成です。

こういった第2象限の活動は多くの場合、思い切って捨てると全体として会社の生産性が上がるので、改善活動をするときは、この第2象限の「必要性が低いにもかかわらず緊急対応を強いられている仕事」に目を向けるといいでしょう。

第3象限は「不要で、そのうちやる」ものですが、例えば、ネットサーフィンやゲーム、雑用やたばこを吸いに行くなど、息抜きやサボりという仕事になってないものです。第1象限の、仕事＝緊急性の高い問題対応、を常に強いられていると、強いストレスの反動で第3象限にいる時間が増えることになります。

第4象限は、「必要で、かつそのうちやればいい」と思っているものです。ここは、ドラッカーが言う**「機会（チャンス）」**に当たる領域です。創造的な活動、リラックスできる活動です。代表的な例としては、仕組み作りの準備、計画の作成、さらには人間関係を構築して信頼関係を高める活動があります。

特徴として、今すぐやらなくても何とかなってしまう性質の仕事であることです。そのため後回しにされがちです。第4象限の活動に時間を使うには主体的な態度が必要とされます。自分から意識してやるぞと思わないとできません。

コンサルティングでは意図的にこの第4象限の領域にクライアントの意識を向けさせま

す。**実は、コンサルティングの肝はここです。**今やらなくてもいいやと思いがちな社長の怠け心を奮い立たせて、この第4象限、すなわち「機会」を活かす領域に餌をぶらさげます。ここで言う餌とは**「時間」**のことです。

多くの場合、「時間がないから」「忙しいから」と言って、この第4象限の必要性かつ緊急性は低いが重要である領域の活動を行いません。社長といえども楽な方に流れてしまいがちです。なんとかプライドを傷つけずに社長の意思を尊重しながら、気が付いたらこの第4象限の「機会（チャンス）」領域に意識が行くように仕向けるのが参謀の役割です。

業界のプロである社長は、機会を活かすための方法論、または、そのためにすべきことや足りないことを知っているはずです。ただ、知っているけど目先の仕事が忙しくてなかなか実行できないか、戦略的な思考をする訓練をしていないがために整理ができず、着手ができずにいます。

多くの社長は、この第4象限に時間を使わず、第1象限に属する目先の問題対応、ストレスのかかる仕事に目が行きがちです。多忙の本質は、この第1象限の仕事に埋もれている状態ということができるでしょう。

したがって、**一番初めに手を付けるべき領域は、第2象限すなわち、緊急だけど必要性が低い無駄なところを優先的に捨てさせることです。**この領域の活動をいかに捨てさせられるかがポイントです。コンサルティングでは、ここに集中しましょう。

無駄な会議、無駄な報告書、無駄な作業を捨てさせましょう。地域の○○委員や理事長などをやってください、と言われることがあります。ニコッと笑って「できません」と言える勇気が「捨てる勇気」です。それを社長に言ってもらうためにコーチ型コンサルティングをするのが参謀の役割です。

捨てることにより空いた時間で、社長と一緒に、第４象限の機会、チャンスを見つける活動に取り組みましょう。第４象限に意識して時間を使っている社長は５％もいないかもしれません。

高収益事業を目標にして、社長の仕事の40％以上の時間を第４象限の「機会（チャンス）」を活かす領域に向けられるようになったら最高です。

4番目は集中です。

これは、スクラップアンドビルドの「捨てる」ということと対をなしています。

捨てることができなければ、適切な対応をする余裕が生まれません。その余裕ができたところで限られた資源をピンポイントで自分が得意とする分野に注ぎ込むのです。利益はお客様からしか得られないという意識を持って、お客様のニーズに経営資源を集中投下します。

捨てる勇気がなければ集中できません。ですから捨てる勇気と集中はワンセットだと思ってください。

5番目は「動機付け」です。

ここでは「社員の動機づけ」を意味しているのではありません。社長自身が動機づけをしていますか、という問い掛けです。社長の熱意が１００％マックスでなければ社員は熱意をもって仕事に当たることはできません。まずは社長自身が必ずお客様のニーズに応えるのだという強い意志と熱意を持って、夢のある経営ができているかどうかを参謀としてチェックしてください。

もちろん、時には社員に無理をしてもらわなければならないこともあるでしょう。そのときに社長が自ら先頭に立って事に当たらなければ、社員はついてきません。

社長がすべての原動力です。**「社長、あなたのモチベーションが会社を決めるのです」**というアドバイスできるような参謀になりましょう。

6　答えは社長の中にある

会社は営利を目的とする組織ですから、経済的価値を作り出すことがとても大事です。その経済価値を交換できるのは、外部のお客様とだけです。

では、会社のトップである社長の仕事は何か。

社長は会社全体の成果について責任を持ちます。そして会社全体の成果とは、ドラッカーが言うように**「顧客の創造」**です。つまり、社長の仕事は顧客を創造することです。ランチェスター戦略で有名な竹田陽一先生は**「お客づくり」**という分かりやすい言葉で表現されています。

お客様を作ることが大事なのは、お客様だけが唯一会社に利益をもたらすことができる存在であるからです。言い換えるならば、お客様作りができない人を社長とは呼びません。

その業界における専門知識があり、その業界にいるお客様がどのようなサービスを欲しているか、社長は熟知する必要があります。また、そのような能力またはリソースを持っているから社長なのです。つまり社長の中に既に解決策があるのです。ただ、本人が気付いていない、または気付こうとしない、そのどちらかです。

答えを自分以外に求める姿勢を**「他責」**と言います。よくあるケースとして、社長自身が自分の戦略のまずさを自覚せず、社員の働きが良くないとか、環境が悪いからとか、自分以外の要因に業績悪化の責任をなすりつけることがあります。これが「他責」です。

しかし、私のコンサルティング経験から言えることですが、この「他責」は、社長自身の中にあります。その答えを見つける手伝いをするのが参謀です。

もしあなたが参謀として社長に貢献したいと思うなら、まず社長に他人依存あるいは外に答えを求める体質があるかどうかを確認し、もしあるならその体質を改めてもらう努力をする必要があります。場合によっては1年くらい費やす覚悟で指導してもいいでしょう。

仮に、社長に他責の思考習慣が根付いていて改められないなら、どんな優秀な参謀を雇っても無駄になるかもしれません。しかし、当初、社長に他人依存の意識があったとしても、コンサルティングを半年、1年と続けることにより、どこかのタイミングで**「社長自身の中に答えがある」**と気付いてもらえれば、社長のリーダーシップの在り方が大きく変わり、組織としての結束力やパフォーマンスが向上することは間違いありません。

答えは社長自身の中にある、経営参謀はこれを忘れないでコンサルティングにあたってください。

7 リーダーとマネージャーの違い

ここではリーダーとマネージャーの違いについて理解してください。

社長にはリーダーとしての自覚を持ってもらう必要があります。

リーダーの仕事は、会社の5年後や10年後の長期的な目的（ゴール）を決めて、そのゴールに至る道筋を示すことです。**道筋とは戦略です。**

リーダーがゴールと道筋を示し、それに社員が納得し、心から共感をするとその会社は繁栄します。これが**方向性の一致です。**

道筋から方向性がずれてきたら適宜修正する必要があります。この方向修正もリーダーの重要な役割です。行き先が分からなければ、あてもなく彷徨うだけです。そのような日常の過ごし方は非常につらいですね。だから未来に希望を持てずに社員が辞めていくのです。

リーダーは常に大局的な視点でスタッフを導かなければいけません。例えば、森の中を進んでいるとしましょう。森の全容は地面に近いところにいると見えません。鳥のように高い所から見て、違う方向に向かっているなと思ったら方向を変える必要があります。こっちの方角だよと方向性を高い所から示し、修正するのがリーダーです。

ところが、ともするとリーダーである社長はこの観点を失いがちです。今日、儲かればいい、明日、儲かればいいという発想になって、お客様のためという視点を忘れがちになります。

あなたがコンサルティングを始めると、多くの社長はリーダーとしての質問よりもマネージャー的な視点からの質問をしてくることが多いはずです。目先の悩みや不安を解消したいと考え、今日どうするかという刹那的なことを聞いてきます。これは、リーダーというよりマネージャー的な発想です。

長期的な展望でゴールを決め、会社をそこに導く**「効果的」な戦略（道筋）を示す**のがリーダーの発想です。

一方、ゴールや道筋を前提として、言い換えるならリーダーが与えてくれた戦略（＝ゴールに至る道筋）の上で、日々**「効率的」に業務を動かす**のがマネージャーの役割です。

リーダーとしての視点の方がマネージャーの視点より長期的で大きいことが分かりま

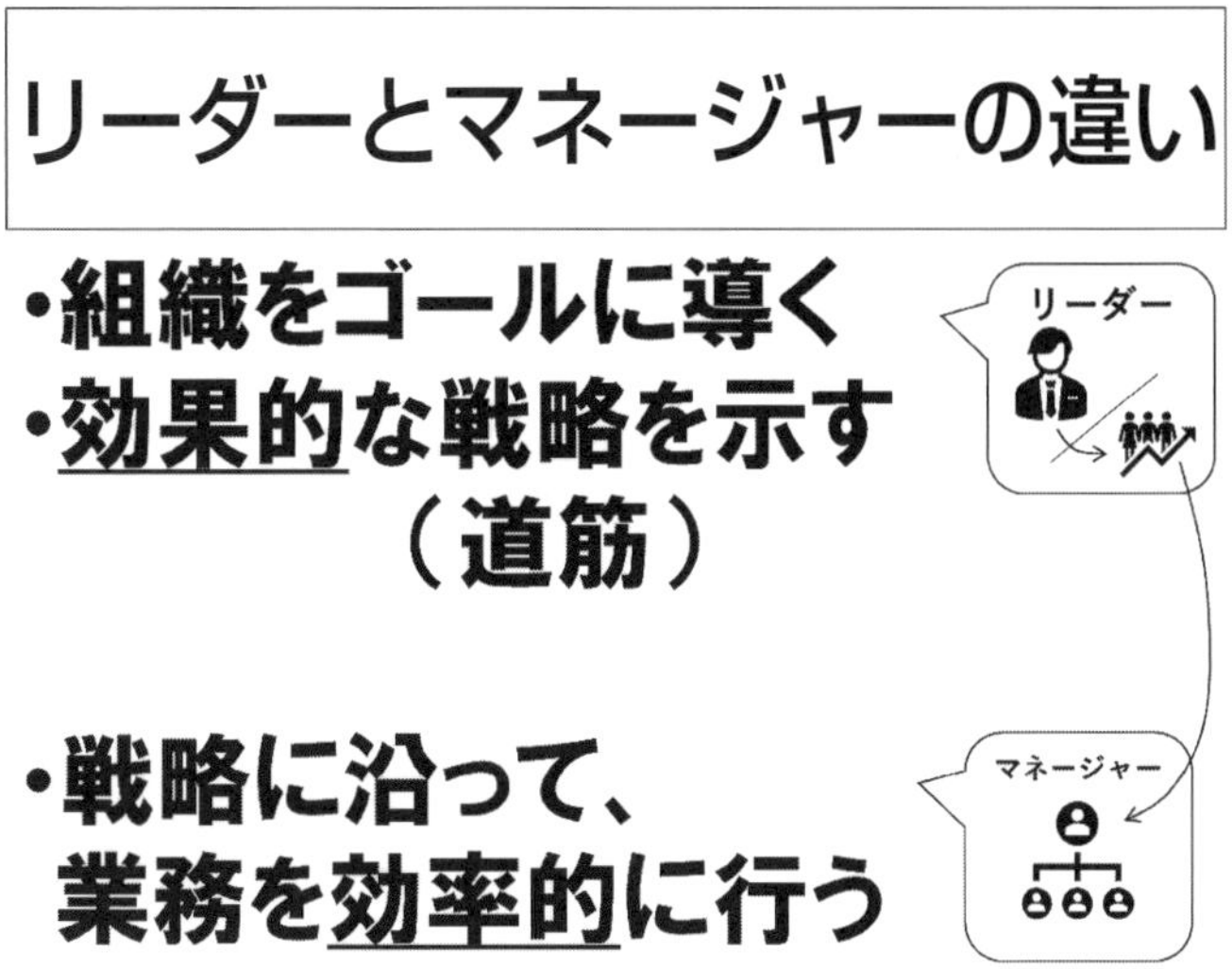
リーダーとマネージャーの違い
・組織をゴールに導く
・効果的な戦略を示す（道筋）
リーダー
・戦略に沿って、業務を効率的に行う
マネージャー

す。

社長はリーダーシップを学んでいない

一般に中小企業の社長はリーダーシップを体系的に学んでないので、みなさんがリーダーシップを学び、参謀として社長にアドバイスしてください。

多くの場合、中小企業の社長は自分が前にいた職場での日々の業務の親玉です。営業や特定の分野の作業に秀でた人です。前の会社でやっていた仕事に熟練していたのでリーダーと言われていたかもしれません。しかしそれは、特定の専門分野における職人の親玉にすぎないのかもしれません。

技術が長けていることは、経営者も時

として必要かもしれません。しかし一歩進んで、その卓越した知識をどういう方向にどう活かすか、どういうサービスでお客様に提供するかということとは別です。それが経営なのです。

経営とはリーダーシップです。社長は戦略を研究し、戦略の実践に大きな関心を寄せるべきです。ところが、社長から受ける相談は内部管理などをテーマとした管理マネジメントにいきがちです。どのように改善したらいいかという戦術の話にはまってしまうのです。

しかし、経営参謀の立場として、戦術についてあまり付き合ってはいけません。参謀がまず考えるべきことは、社長にリーダーシップをいかに発揮させるか、というテーマなのです。リーダーシップのコーチ型コンサルティングをするという発想を忘れないでください。

社員のモチベーションの問題や処遇などの管理問題も確かに大事です。大事ですが、そこに利益の源は存在しません。あるのはコストです。コスト管理からは企業の成長・発展につながる道筋は見えてきません。したがって、コスト管理のコンサルティングは、せいぜい1時間当たり1~2万円の時間単価の労働集約型の仕事なのです。

一方、参謀の仕事が1時間当たり5万円以上の報酬をもらえる理由は、リーダーシップに関するコンサルティングだからです。

あなたは、どちらを選びますか？

リーダーとマネージャーの役割の違いをしっかり理解して、コンサルティングしてください。

第3章

3

マーケティングとイノベーション

1 マーケティングの定義

ここでは、マーケティングについて一緒に考えていきましょう。

マーケティングについて考えるにあたって、ドラッカーの経営理論が非常に参考になりますので、まずはドラッカーの企業の目的に関する理論から見ていきます。

ドラッカーによると、企業の目的は**「顧客の創造」**とされています。

顧客の創造とは、お客様を作ること、マーケットを作ること、市場を作り出すことです。

ドラッカーの言う顧客の創造という言葉を、**「お客様作り」**とやさしく表現されたのがランチェスター経営で有名な竹田陽一先生です。

お客様に喜んでもらい、お金を払ってでも欲しいと思う人たちをたくさん作り出すことが企業の目的ならば、マーケティングは企業の目的を実現するための活動と考えていいでしょう。

　そこで、**顧客の創造あるいはお客作りに関わるあらゆる活動を「マーケティング」と定義付けておきたいと思います。**

ランチェスター理論に基づくマーケティング理論＝竹田陽一

　お客様を作る活動にはどのようなものがあるか、さらに具体的に見ていきます。竹田先生の理論を少しお借りして考えてみたいと思います。

　竹田先生によると、お客作りについて非常に重要なことが2つあると言います。

　1つ目は商品対策です。つまりいかに強い商品を作るかです。

　2つ目は、いかに強い営業体制を作るかという、営業対策です。さらに営業対策を4つに分けます。商品対策で1つ、営業対策で4つ、合わせて5つの項目を考えることになります。これが社長の考えるマーケティングの具体的な対策です。

　まず1つ目は、**商品対策、強い商品作り**です。

　2つ目が営業対策の1番目、**営業地域対策**です。どの地域にマーケットを絞り込むかということです。現代はインターネット時代で、この営業地域という概念は薄れてきているのですが、その場合はインターネットで「見込客が検索するキーワード」に置き換えればいいでしょう。

営業対策の2番目は**客層・ルート**です。どんなお客様に対して売るか、お客様の客層を絞り込む。例えば、会社がメーカーの場合、製品を最終的に消費するお客様との距離が遠いなら、その間に中間業者のルートが存在します。どのようなルートで売るかというルート対策です。

営業対策の3番目は**新規の獲得**です。

営業対策の4番目が**顧客維持**です。一旦獲得したお客様を流出させずに、いかに長くお付き合いしていただくか、顧客維持の活動・対策があります。

以上の5つが、竹田先生のランチェスター戦略に基づくマーケティングの具体的な分解です。

3C分析

さらに、重要な理論があります。それは**3C分析**と言います。3つのCの頭文字で始まる要素です。

1つ目は、カスタマーまたはクライアントです。これは顧客です。

2つ目は、コンペティターで競合他社、ライバルです。

3つ目は、カンパニーで自社、企業です。

例えば、自社の強みを競合の弱みにぶつけることで、自社が競争優位に立てる可能性が高まります。そのために、顧客のニーズだけでなく、自社と強豪の強みと弱みを詳しく分析する必要がある、というのが3C分析のポイントです。

ランチェスター経営戦略の5つの対策に続いて、3C分析の戦略フレームが重要なのだということを心にとめておいてください。

集客×販売×商品／マーケティングの4P

私が2020年にマーケティングの専門家のセミナーを受けたときに非常に共感した理論があるので、これもご紹介します。

マーケティングというのは要するにお客様作りであり、ひいては売上を作ることです。売上を作るという活動は一連の流れで構成されています。この売上を作り上げる一連のフローをマーケティングだと考える見方です。

そのフローは次の3つの要素から成り立っています。

集客×販売×商品

この3つの要素からなる一連のフローがマーケティングです。この観点からもマーケティングを見ていきたいところです。

補足として、有名な理論をもう1つご紹介します。知っておくと、いずれ経営戦略を考えるときに役に立つと思います。

マーケティングの4Pと言われる理論です。Ｐの頭文字で始まる4つの要素があります。

1つ目のＰは、プロダクトです。プロダクトというのは製品です。

2つ目のＰは、プライスです。価格です。

3つ目のＰは、プレイスです。これは流通で流通戦略です。

4つ目のＰは、プロモーションです。販売促進です。

プロダクト（製品）、プライス（価格）、プレイス（流通）、そしてプロモーション（販売促進）という4つの側面から企業戦略を見ていくということも大事だと言われています。

ここまでマーケティングの定義を様々な側面で見てきましたが、**私が一番推奨するのはランチェスターの観点です。**

マーケティングの定義とともにぜひ覚えておいて欲しいのですが、お客様のニーズは、時とともに変化します。みなさんがお客様の立場で考えてみれば分かります。去年買った服は今年には流行遅れになります。毎年流行は変わるし、サイクルの短いモノは3ヶ月で好みが変わります。人の好みは変化が激しく、人は飽きやすい、新しいものに目がないということです。

会社を設立した当初や、新たなマーケットに参入したばかりのときは、お客様のニーズに照準を当てているはずですから売上も上がります。しかし、そこに安住していると、1年、2年でお客様のニーズは別の所にいきます。別の所にニーズが移動したときに、その移動に合わせて会社も変化させることが、マーケティングの本質的活動なのです。

2 マーケティングは主人

ここでは、**「マーケティングは主人」**がテーマです。

マーケティングは主人という言葉で私が連想するのは、アメリカの有名な経営コンサルタントであるダン・S・ケネディです。

ケネディが書いた『世界一シビアな社長力養成講座』（ダイレクト出版社）という非常に面白い本の中で、とても印象的な言葉があります。これが本項のテーマです。

「世界一シビアな社長力養成講座」の中に**「主人はマーケティング、ほかはみな『下僕』」**というテーマの話があります。

外部活動が主人、内部活動は下僕＝ダン・S・ケネディ

お客様のニーズに合わせて企業を変化させていくことをマーケティングと考えるなら、この外部活動が主人であり、内部活動は下僕だと言います。

多くの社長は、社員との関係を良くしよう、管理業務の効率を上げよう、そういったところに目が行きがちです。もちろんこれも大事なのですが、それより高い優先順位があるだろう、ということです

まず会社が儲からない理由は、外部活動ができていないからです。すなわち、外部の市場の変化、お客様のニーズからズレた活動を行っていることに気付かないから、会社が儲からないのです。

例えば毎月、社長と2時間セッションするとして、1時間半を会社内部の相談が占めているようだと、そのコンサルティングは効果的とは言えません。

我々税理士は、それなりの高い対価をいただいて話をするのですから、ここでコストの話に終始していてはいけないのです。2時間のうち1時間半以上をマーケティング、外部活動について相談するようにならないといけません。

マーケティングに必要な範囲で内部管理＝マネジメントの話をするならいいでしょう。お客様のニーズに合わせるための内部管理の話なら、ある程度まではしてもいいでしょう。ただし、内部管理の話に終始することのないように気を付けましょう。

マーケティングは、お客様のニーズの変化に合わせる活動

さて、冒頭の話に戻りますが、「主人はマーケティング、ほかはみな『下僕』」の冒頭に「従業員はできないことを恥ずかしいと思っていない」ということが書かれています。

例えば、社長がマーケットの変化にこのように対応すべきだと考え、新しいことをしようとしても、社員は無意識にブレーキをかけます。忙しい日常業務の中で、「また社長の気まぐれで仕事が増えるのはたまらない！」と考えてしまいがちです。

マーケティングの観点からすると困ったことなのですが、社員の立場からすれば、それができなくても、全然恥ずかしいと思わないのが通常なのです。良い悪いではなく、社員とはそういうものなのです。

たいていの場合、社長は十分な説明なしに「おい、今日からこれやるぞ」と命令します。社員は納得していませんので抵抗したくもなります。本質的に社員は日常業務の変化を歓迎しません。一方、会社の外部に目を移すと、お客様は変化を望みます。このギャップと戦っているのが社長なのです。

マーケティングというのは外部、つまりお客様のニーズの変化に合わせる活動であり、ここからしか利益は出ません。ところが社員は、昨日と違うことをやることに抵抗を覚え、ストレスを感じるのです。

こうなると、いきおい社長は目の前の社員の処遇であるとか、内部の業務効率をどうするとか、そういうことから経営を考えてしまいがちになり、お客様にとって何が大事かを考えるのを後回しにしてしまいます。

社長が日ごろ気にすべきなのは、まずお客様のことであるべきです。そのために社員が一致団結して動くように管理するのがマネジメントです。マーケティングが先にあるのです。

ビジネスにおいて、社長が重要だと考えることと、社員が重要だと考えることの間には大きな隔たりがあります。やはり、「マーケティングが主人で他は下僕である」ということを社員に理解してもらうことが非常に大事になってきます。あるいは、十分に納得はしていないけれど、社長との信頼関係ができあがっていて、まずは社長について行こう、と思わせることも大切です。

以上を踏まえた上で、これらの問題を解決するために大切なことが2つあります。

第一に、社長がマーケティングの正しい知識を持つことです。

トップがマーケティングの知識を持っていなかったり、曖昧だったりすると間違った方向へ行ってしまいます。

経営参謀がすべきことは、社長が、マーケティングについて正しい知識を持つ、そして市場の変化を読む目を持つためのお手伝いをすることです。

第二が、市場の変化を見て革新的なことをやろう、会社を変化させようとするときに、社員が付いてくるようなリーダーシップを、社長が身に付けることです。

実は、現場の社員は、現場の状況については社長よりも分かっています。リソースや内部のやり方をわかっています。あとはお題と目的を与えて信頼関係を築けば、社員は社長についていきます。

会社を高収益事業構造にするポイント＝一倉定

ここからは、経営戦略に関する一倉定先生の本を参考にして、違った視点からマーケティングが主人だということを考えてみます。一倉定先生は、事業は永久に存続しなければならない、と事業の存続の観点から説明されています。

一倉定先生の『社長学』という百科事典のような全10巻のシリーズがあります。その第1巻の冒頭で、**「経営戦略とは敵を見ずして敵を制することである」**と仰っています。そこでは孫子の兵法の考え方を引用されています。孫子の兵法の考え方を経営に当てはめると、会社を高収益型事業構造にするということになります。

事業は半永久的に存続しなくてはいけないのですから、そのためには、継続して必要な利益を確保することが不可欠で、高収益事業構造を作る必要があります。仮に社内にスーパーマンのような社員がいなくても、皆で協力して普通に仕事をしていれば利益が上がるような仕組みを作りましょうということです。

この利益を確保する事業構造はどのようなものかということですが、一倉定先生は次のポイントを挙げています。

1番、どんな市場またはどんな市場の組み合わせにするか。

2番、どんな商品構成、どんなグレードとするか。

3番、どんな得意先構成とするか。

4番、どんな店舗展開をするか。

5番、どんな供給体制、つまり内外作区分、または仕入れ体制とするか。

6番、未来事業の推進体制をどうするか。

7番、人員構成はどうするか。

この7つのうち1番は市場、2番は商品、3番は得意先、4番は店舗展開ですから、この最初の4つはすべてマーケティングです。そして、6番の未来事業はマーケティングをベースにしたものです。したがって、1、2、3、4、6は明らかにマーケティングの領域です。

ダン・ケネディと同じように、一倉定先生が挙げた経営戦略に関する根本的なテーマ7つのうち5つはマーケティングに関係しており、マーケティングを重視しています。

ダン・ケネディ、一倉定先生、共に、経営戦略において、マーケティングが主人でありすべてに優先すると教えてくれています。

3　利益はお客様から

コンサルティングでは、マーケティングという視点が決定的に大事だと学びました。

特に、中小企業は収益基盤が弱いので、マーケティングの目的である「お客様を集めて商品を販売する」ということに意識の8割を投下するくらいがちょうどいいのです。

なぜマーケティングが一番大事かというと、企業活動に必要な費用はすべてお客様の財布から流れ込んでくる「利益」をその源泉とするからです。「原資」とも言いますが、いろいろな経費を払うための元々の財源は、お客様からしか得られません。

株主が出すお金は資本金であり収益ではありません。銀行の融資は借入金なので返済が必要です。つまり、会社の外部のマーケットにいるお客様が唯一の収益源ということです。

一倉定先生は「穴熊社長」という言い方をしています。

「穴熊社長」

穴熊は冬ごもりなどをして、穴の外に出ようとしません。会社で言うなら、会社の中すなわち普段自分がいる所から外に出ようとしないということです。穴から出ようとしない穴熊社長です。

外に出なければ利益の発生源であるお客様の要望やお客様の気持ちが分かるはずもないですね。

コンサルティングをしていると、内部管理で評価されたいと思っている社長が多いと感じます。

ここで、内部問題について、いくつかの視点で考えてみます。

1つ目は、合理化志向があげられます。

合理化を進めたいという社長は多いです。あるいは能率の改善、能率の向上にこだわる社長がいます。もちろんこれも大事ですが、それはお客様あってのことです。

そもそもお客様のニーズに合っていない商品を作っているとしたら、能率を上げても売れない商品を高速でたくさん作っていることになり、かえって不合理です。在庫が増えるだけです。

会計的な視点で見ると生産量が増え、それに比例して在庫が増えた場合は、原価計算では固定費の配分の単価が下がる、という現象が起きます。

例えば、10万円の固定費で１００個の製品を作れば、10万円÷１００個で、１個当たりの原価は１０００円になります。

しかし、売れるか売れないかは関係なしに、10万円の固定費でその10倍の１０００個を作ると、１個当たり原価は10万円÷１０００個＝１００円／個になります。１個当たりの原価が10分の１に激減します。作れば作るほど、単位当たりのコストが下がるのです。特に固定費が下がります。

単位当たりの変動費は変わらないけれど、たくさん作るほど単位当たりの固定費は下がるので、もしも工場長の評価が利益と連動しているなら、固定費の単価を下げて見かけ上の売上原価を引き下げ、利益を増やしたいという誘惑にかられるかもしれません。

その後、次の工場長にバトンタッチするときには、売れない在庫が山のように引き継がれる、などということがあったら目も当てられません。前の工場長が悪いわけですが、在庫が不良化したときに割を食うのはその後を引き継いだ工場長ということになりかねません。

しかし、会計上は間違っていないため、正しい会計をやったが上のパラドックスというか、皮肉な結果につながりかねません。
能率だけを追い求めた経営は非常に怖いといえます。これが内部管理の優秀者が必ずしも利益に貢献しない理由の1つです。

2つ目は、品質志向です。

品質がいいのは当たり前ですが、お客様が求めていることと違う方面で品質が過剰スペックになってしまったらどうでしょう。やはりお客様は買いません。買われもしない物に品質向上というのは本末転倒です。
お客様の望むレベルの品質を提供し、品質を保証するということが本来のあるべき正しい品質管理です。しかしお客様のニーズを抜きに、穴熊社長が市場の変化に気付かずに、自分が作りたい商品、自分が良いと思い込んでいる自己満足の品質の商品を作ってしまうとどうなるか。答えは明らかですね。
内部管理の優秀さは、利益の向上に必ずしも繋がりません。なぜかと言うとマーケットに商品が合っていないからです。

3つ目は、業績が期待できない問題です。

業績が期待できない状況は2つあります。
1つは、商品の収益性が低くなっているのに気付かない、斜陽産業化です。商品のライフサイクルはいずれ衰えます。売れ行きが下がった商品ほど頑張って売ろうとしがちですが、ここは見極めが必要です。

そもそもマーケット自体が変化してその商品に対するニーズが枯渇している状況で、その商品の販売促進に力を入れるのは本末転倒です。商品の収益性が商品サイクルの中でどうなっているかを見極める目が必要です。

もう1つは、会社の営業力が弱いことです。これは主に販売戦略のまずさに原因があります。営業担当者の実力も少しはありますが、もっと重要なことは、正しいマーケットに戦力を投入しているかどうかです。戦略が間違っている上に売る力が弱ければ、業績が良いはずがありません。

よく社長が間違えるのは、売上が下がると、営業担当者のレベルあるいはモチベーションが下がったからだと考えてしまう点です。しかし営業力が弱い本当の原因は、社長がマーケティング戦略を間違えたからだといって差し支えないでしょう。

4つ目は、収益は外部にあるということをしっかりと理解する必要があります。

これはコンサルタントとして、しっかりと社長に伝えなければいけません。

会社の収益は、唯一商品が売れたときしか出ません。お客様に商品を渡して対価を受け取った瞬間に始めてチャリンチャリンと利益が出ます。

収益は会社内部にはありません。内部にあるのは基本的に費用だけです。したがって、社員の問題を解決しようとしたら費用はいくらでもかけられますが、そこから一円も収益を生むことはありません。

社員対策ばかりやっても仕方がないのです。大事なことは外部、お客様に目を向けることです。

5つ目は、お客様のニーズを満たすことに意識を特化する必要があります。

お客様のニーズを満たすというただその1つに意識を集中することです。それ以外はすべて家来です。お客様のニーズを満たす。お客様が困ったら、まず1番に思い出してもらえる存在になる。そのためのあらゆる政策が営業戦略です。

4 困ったらお客様に聞け

会社の経費や税金、社員の給料は、唯一お客様に請求する代金からしか賄えません。当然、お客様に商品またはサービスを提供する機会が多ければ多いほど売上が上がるわけです。そして、商品の販売に関する決定権は100％お客様にあります。

要するに、「自社が商品を売る」のではなく「お客様が商品を買ってくれる」のです。私たちが無理に売りつけることはできません。ですから、社長の意識が常に「お客様にいかに買っていただくか」にあるかどうかで勝負は決まるのです。

本書で一貫して伝えたい、コンサルティングの重要なポイントの1つは、社長が普段から「お客様の立場で考える」癖をつけるお手伝いをすることです。

そもそも商品のアイデアや集客のヒントは社長が握っているのです。どのようにお客様に商品を売るか、どのようにしたらお客様は喜ぶかを、一番知っているはずです。

どのように働きかけたらお客様が喜び、商品を買ってくださるか、その研究を第一にすべきです。節約のために裏紙を使ってコピーするなどは現場に任せておけばいいのです。社長は極力そういった問題から解放されるように指導しましょう。

そもそも、お客様がどんなことに困っているか、何を考えているかは流動的です。1年前のことは分かっているかもしれませんが、お客様の声を聞くのをサボっていると、今何を考えているか分からなくなってしまいます。お客様の意識は常に変化します。お客様は、飽きっぽい、変化を求める、刺激を求める、そういう生き物です。

経営参謀として必ずやって欲しいのは、社長がお客様のことを相談するように仕向けることです。

相性の良いお客様は今、どういうニーズなのかを、常にリサーチしてアップデートする必要があります。これが、**お客様の声を聞く**、ということです。

お客様の声を聞くことによって、いろいろなメリットがあります。市場に何が起こっているかリサーチができます。また、お客様の声を聞き、お客様の立場で考えることにより、社内の状況も浮き彫りになります。お客様に良いサービスを提供するための組織とはどうあるべきか、マーケット視点で考えられるようになります。

マーケットを忘れた組織の改革は無意味です。いくら社員が社内で快適に過ごそうと、それがお客様へのしわ寄せになったら本末転倒です。問題解決には、まずお客様の視点、マーケットの視点から入るのが正しい手順です。

良いお客様の定義

ストレスのない、お互いにプラスの関係になるような良いお客様は絶対にいます。お客様と良い関係性を築くことから逆算して、社内改革を進めた方が社員のためにもなるのです。だから、お客様が先なのです。

社員も社長も、「お客様の立場でものを考える」癖を付けさせることが柴山式コンサルの本質です。

では、どういうお客様が自分たちにとって良いお客様なのでしょう。

良いお客様の定義。一番付き合いやすい人、あるいは一番売上が上がっていて、そしてお互いに高められる人が良いお客様です。

どのお客様が理想のお客様かを決めたら、そのお客様の所に行って、しっかりと話を聞きましょう。

何を聞くかというと、次の４つです。

①　今は何に関心があるのか。
②　今は何に悩んでいるか。
③　お客様の周りでどんな変化があるのか。
④　さらに我が社にどんなことを望むのか。
社長には、この4つを意識して聞きに行ってもらいましょう。

経営で行き詰まることがあったら、とにかくお客様のところに行って徹底的に情報を収集する、これが多くの問題を解決するヒントになるのです。

5　粗利《あらり》がエネルギー源

会社の活動結果を数値で表すのは財務諸表（決算書）です。

財務諸表には2つの重要な情報があり、1つは財産の状況を示す貸借対照表、もう1つは利益の計算過程を示す損益計算書だということは、経営者ならば誰もが知っています。

そして、どの経営者もまっ先に関心を示すのが損益計算書の情報です。

会社の実力を測るのに最も汎用性の高い指標

そこで少し考えていただきたいのですが、損益情報の中で社長が一番に関心を寄せるべきはなんでしょうか。

答えは、**「分析の目的による」**です。

例えば、規模や業種の違いに関係なく、他社と比較検討して会社の実力を測ることができる最も汎用性が高い指標は何かといえば、私は**「1人当たりの経常利益」**または**「1人**

当たりの当期純利益」を推奨します。

利益の絶対値だと、規模が大きい会社の方が有利になります。しかし、利益の総額を従業員数で割ることにより、規模の大小に関係なく、多くの企業同士を比較し、優劣をつけることができます。

以前、筆者は、プレジデント社の雑誌の特集で、日本の地銀100行以上の過去数年間の決算書を分析したことがあります。

その結果、破綻状態にある銀行に共通する特徴として、経常利益が2～3期連続して赤字（マイナス）のケースが多く見られました。そのときの感想として、日本における企業の収益性を判断するにあたって、経常利益の情報がかなり有用だと実感しました。

売上高から経常利益までの計算過程は、次のようになります。

ステップ1　売上高－売上原価・・・・・・・・・・**売上総利益（粗利益）**
ステップ2　売上総利益－販売費及び一般管理費・・・・・・**営業利益**
ステップ3　営業利益＋営業外収益－営業外費用・・・・・**経常利益**

先ほど、純粋に「企業の収益性」優劣の判断の指標として、経常利益が非常に有用だと書きました。視点を少し変えてみましょう。

社長が経営戦略において、経営方針を検討するにあたり最初に考えて欲しい利益はステップ1の売上総利益＝粗利益です。その理由は次の通りです。

付加価値こそがエネルギー源

ステップ2以降にかかる営業活動上の諸費用を払う財源はただ1つ、「粗利益（売上総利益）」しかありません。言い換えるなら、お客様からいただく売上代金（売上高）から、その商品を調達するためにかかった外部からの商品購入高（売上原価）を差し引いた残りが、自社で新たに生み出した価値＝付加価値です。

会社が自社内で生み出した新たな価値、すなわち付加価値こそが、その後の営業活動で支払われるすべての経費の財源となることを知っておきましょう。

参考までに、より一般化した付加価値の計算式を示しておきます。

【重要】　①売上高－②外部購入高＝【付加価値】

式の②外部購入高が、ここでは売上原価に当たります。

企業は、自社が調達してきた資源（仕入原価）をお客様に提供して、それと交換にいただいた売上代金との差額を財源に、従業員の給料や家賃や水道光熱費など、企業活動の維持に必要な諸資源を購入しています。したがって、企業活動のエネルギー源はとりもなおさず「粗利益」と言っていいわけです。

なお、ここで、会計的な側面で注意が必要となります。

粗利益すなわち売上総利益を企業活動のエネルギー源というのは、会計の初心者向けにシンプルに言う場合のことで、会計知識を持っている税理士や会計士、あるいは簿記学習者などは、もう少し踏み込んで考えておく必要があります。

売上総利益を付加価値と考えるのは、一般にイメージしやすい商業が対象です。具体的には卸売業や小売業、あるいはビジネス形態がシンプルなサービス業などもこの範疇に入ります。

一方、製造業（メーカー）や建設業など、材料を仕入れてそれに加工を加え、完成物を自社内で作り上げてそれをお客様に販売する場合は、売上総利益（粗利益）をもって付加価値とすることはできません。

詳しくは日商簿記2級などで勉強する工業簿記の知識を参照していただきたいのですが、簡単に言うと、「売上高－材料費－外注費」で計算します。

※製造業などの付加価値（商業の粗利益に相当する付加価値）
売上高－（材料費＋外注費）＊＝【加工高】（製造業における付加価値）
＊外部購入高

以上を整理しておきます。

基本式　売上高－外部購入高＝**付加価値**

商　業　売上高－売上原価＝**粗利益（売上総利益）**

製造業　売上高－材料費－外注費＝**加工高**

いずれにせよ、企業が売上高から商品仕入（または材料仕入と外注費）を差し引いた残額としての付加価値を高めることこそが、企業の健全な営業活動を支えるエネルギー源であるということを強く意識し、そのことを社長とも共有していただきたいと思います。

したがって、これまでも繰り返し述べてきた「利益はお客様から」という言葉は、粗利益や加工高といった付加価値を対象としていることがお分かりいただけるでしょう。

エネルギー源である粗利（加工高）はお客様からもたらされるのだから、お客様の悩みを聞くことがいかに大切かを、毎月のコンサルティングの度に一貫してアドバイスを続ければ、社長はそういうマインドになります。

社長がそういうマインドに変わるだけでも会社の業績が上がるものです。コンサルティングをする上で、いつも心に留めておきたいところです。

6　顧客か社員か

会社がある程度大きくなって、年商が10億円や20億円くらいなってくると、社長の下に役員や事業部長がいますが、基本的には社長をメインにコンサルをします。中小企業では、業績の90％以上を占める要因は社長の戦略だからです。

図をご覧ください。左側に会社、右側にマーケットがあります。

あなたが実際にコンサルをするときに、この構図はいろいろなところで応用が利きますので、自分で描けるようになってください。

内部の関係は、つまるところ、社長と社員の間に横たわる信頼や協力の度合いに依存する人間関係の問題です。

社長の責任

右側に向かって矢印が伸びています。外部との関係です。外部との関係はマーケットと

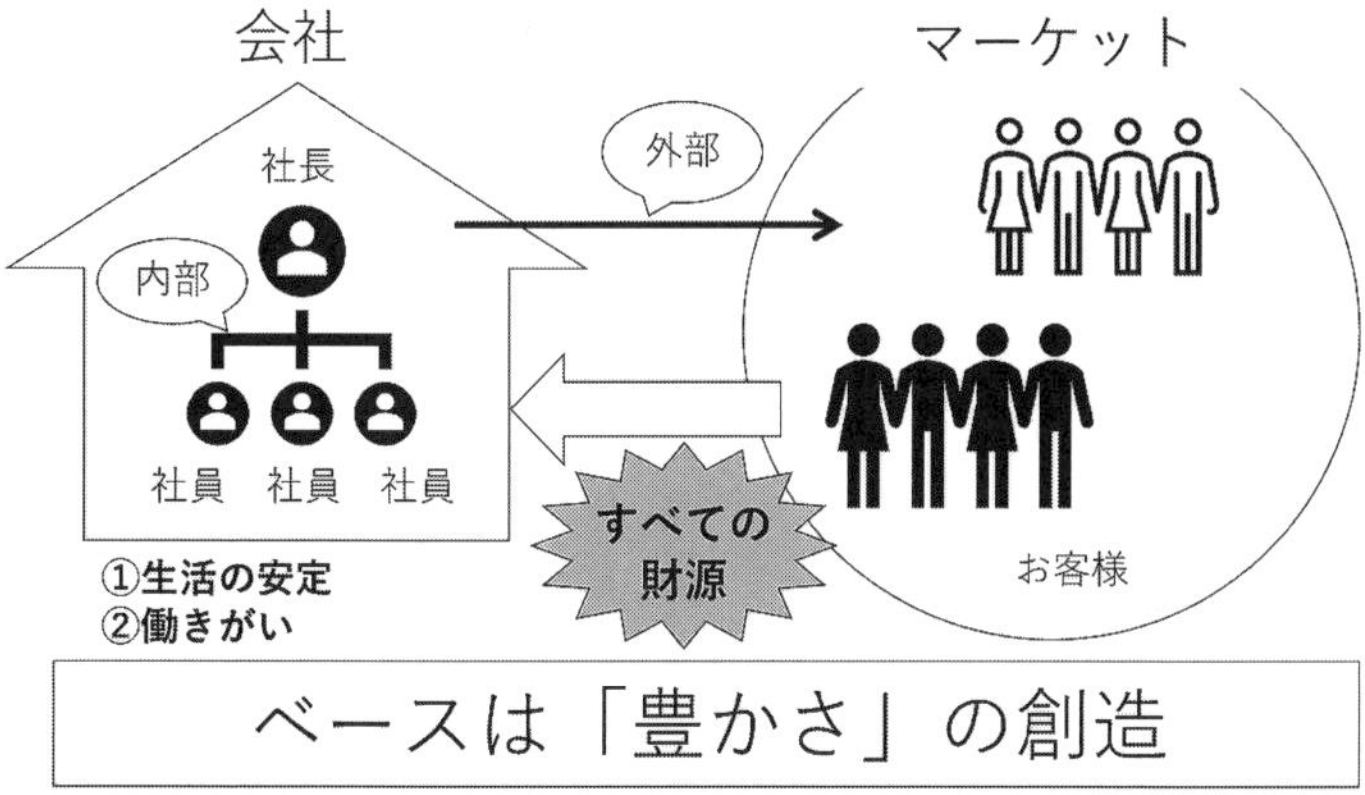

の関わり方を意味します。マーケットには多くのお客様がいます。

社長は、外部のお客様との関係を築くことが第一の仕事です。そして社員との関係を築くことが第二です。この２つの関係の調整が、社長が執り行う経営です。

会社の経営については社長が１００％責任を負っています。社員の失敗も社長の責任なのです。なぜなら、普段社員の働きで利益を得ているのだから、１年３６５日、社員がやった努力を成果物として社長は受け取っているし、会社の業績にもなっています。社長の評価や報酬もですが、社員の働きから得ているものである以上、社員が何か失敗をして損失を被ったとしても、社長も共同責任です。

良い時だけ貰って、悪い時は知らんぷりでは通りません。良い所だけを取ろうとする社長のもとでは、優秀な社員は育ちませんし、心ある社員は離れていきます。良いものも悪いものも社長・社員が共有しなくてはいけません。

社長がすべての責任を負う覚悟でやるのが会社経営です。だから一番報酬が高いのです。

以前、なにかの統計で日本の社長の平均年収は3000万円とあったのを見たことがあります。筆者が見ている感じでは、質素な社長の報酬は年1000〜2000万円が多いです。日本のサラリーマンの平均年収が500万円として、中小企業の社長の報酬が2000〜3000万円なら、社員の4〜6倍の年収です。

社長は報酬が高い分だけお客様との関係について一生懸命汗をかき、プランニングや道筋など戦略を考えるのは当然といえます。

社員の責任

一方、社員の仕事は何か。社長の方針の範囲内で、働きがいを持って創意工夫をして成果を出すことです。

社長は社員に対し、このようにやりましょう、という枠を決めて、枠の中で力を発揮してもらいます。仕事の手順やガイドラインは必要ですが、必要最小限の指示をしたら、その範囲内で現場担当者の創意工夫に任せるのが理想です。

社員の創意工夫まで奪ってしまうと、働きがいがなくなります。仕事を任せる範囲を明確にし、その範囲内で責任を限定し、バランスを取ったところで、社員が負っている責任に見合った給料を支払う。

気を付けなければいけないのは、中小企業では、運用が煩雑な細かい人事政策がかえって社員の不公平感を生じさせることです。あまり細かく評価制度や報酬制度を決めるのは得策ではありません。

なお、給料のおおまかな目安は業界平均の1・1倍、つまりその業界における同じようなキャリア・役職の10％増しくらいの設定がシンプルで最も摩擦が置きにくいと言われています。社員に与える権限と責任は、給与水準とのバランスを考えながら明確化すると良いでしょう。

すべては豊かさのために

顧客か社員かというテーマに戻りますが、すべてのベースは豊かさの創造にあります。会社を興す社長の役割は、豊かさの創造なのです。会社は、社会を豊かにするために存在します。

1人1人の力は小さいですから、1人の力だけでは大きな豊かさを実現できません。でも複数の人が手を組みシナジー効果を発揮できるから、私達の便利な世界があります。

私が子供の頃、昭和40年代は、まだ汲み取りトイレが当たり前で、水洗トイレは珍しいものでした。現在はトイレ1つとっても、とても清潔で便利になっています。これは、企業活動のおかげと言っても過言ではないでしょう。個人では実現が無理な社会の豊かさを実現するのが、企業という器なのです。

会社の中にいるときは社員ですが、その社員が会社の外へ一歩出ると、プライベートではマーケットを構成する消費者、お客様に立場が変わることを忘れてはいけません。

そのように考えると、企業とは、第一にお客様に対して新しい価値を創造してお客様を豊かにする、第二に社員の生活の安定と働きがいを保証する、主にこの二面的な貢献を通じて、社会の豊かさを実現する存在であるということができます。


顧客か社員かというテーマについて、会社にとって、顧客、社員それぞれの視点からサービスを提供する存在であり、どちらも大切な存在であることがお分かりいただけたと思います。

7　顧客は誰か？

私が提唱するコーチ型コンサルティング、すなわちコーチング技術を利用したコンサルティングを実施するにあたって、毎回強く意識していただきたいことがあります。

それは、**「自社にとってのお客様は誰か」**ということです。

社長がこの問題意識を常に持って日々の経営にあたるようになると、会社は徐々に大きく変わっていきます。

それでは次ページの図を見ていきましょう。

左側に会社の絵があります。会社が所有するリソース（経営資源）は限られていますから、たとえトヨタやマイクロソフトやＧＡＦＡと言われているグーグル、アップル、フェイスブック、アマゾンなど超大手の企業であっても、すべての人のニーズに対応することは不可能でしょう。

どんな会社でも経営資源、リソースは限られていますから、限られた資源をレーザー

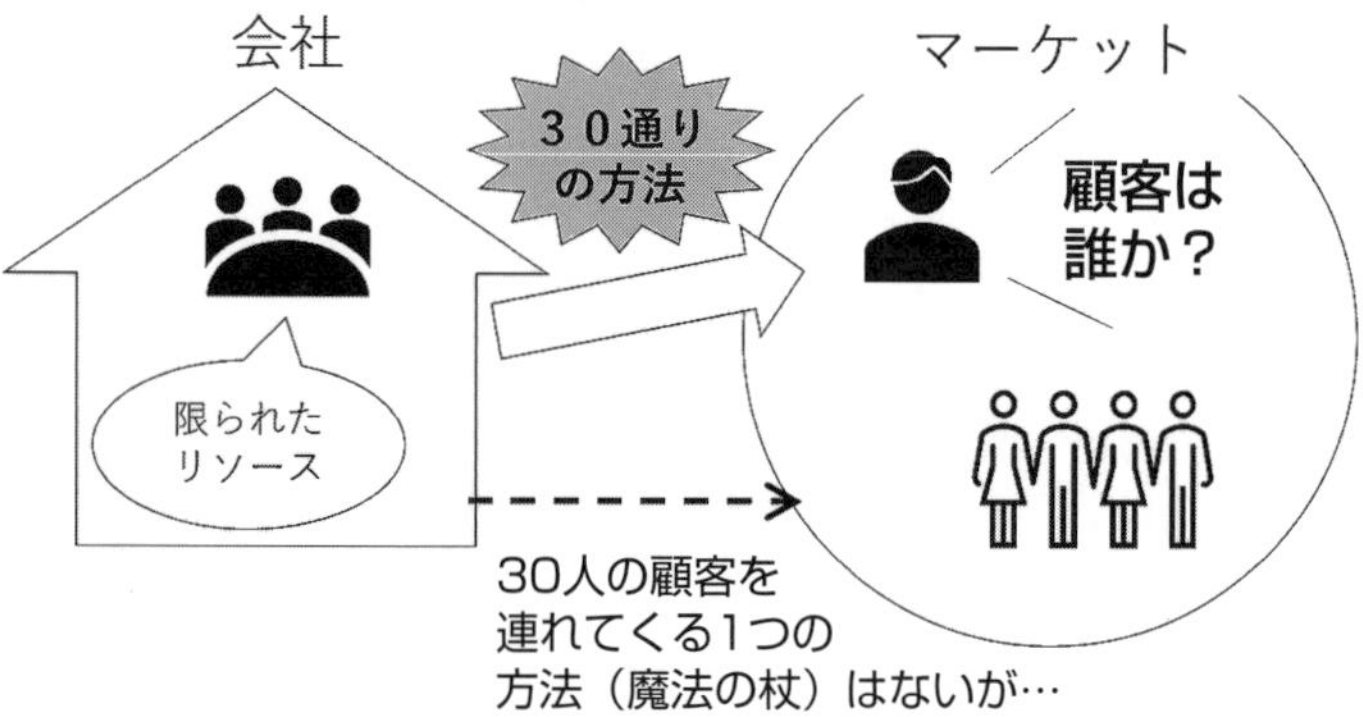

ビームのように効果的に一点に集中して提供するのが会社の役割です。

自社の得意分野で特定のお客様を絞り込んで、そのお客様を感動させるくらい喜ばせることが経営の大原則です。様々な会社が自社の得意分野で貢献することによって、社会全体としての豊かさが創造されるのです。

我が社の得意分野は何か

柴山会計グループであるならば、簿記会計に関する知識の教育や、コーチ型コンサルタント養成塾という、税理士先生に向けてのサービスが強みです。この柴山式コンサルの強みを通じて社会を豊かにしましょう、というミッションがあるわけです。

自社のミッションを考えるにあたり、**得意分野を磨くことが、地道ですが一番確実です。**自社の得意分野を特定しましょう。ニーズのない得意分野を磨いても仕方ないので、得意分野に対してニーズがあることを確認します。

入り口はお客様です。お客様は何に困っているのか、どんな悩みを持っているのか、どんなところで便利さを諦めているのかをリサーチするのです。そのニーズが自社の得意分野と合致しているかを確認しましょう。合致しているのであればさらに磨きをかける、合致していないのであれば、ニーズに応える新商品の開発に努めるのです。

図の右側にはマーケット＝市場があります。マーケットには多様な人々が混在していますが、社長が会社の経営戦略を考えるにあたり、対象となる顧客像をまず1人に決めます。例えば、過去のサービスの提供と商売を思い出して、このお客様が長く付き合えたな、あるいは多くお金を落としてくれて一番会社に利益を与えてくれたな、と思えるお客様を思い出します。利益を一番与えてくれるということはお客様が満足しているということです。

一番満足し、お互いに気持ちいい商売ができたお客様を思い浮かべると良いです。そして、お客様が喜ぶ方法を徹底的に考えます。このコンサルティング1つだけでも、良い結果が出ることがあります。

1人のお客様を徹底的に感動させる

ここで注意していただきたいことがあります。30人の顧客を連れてくるたった1つの方法、魔法の杖などというものはないということです。ところが、誰もがこの魔法の杖を探したがります。

他方で、たった1人のお客様を連れてくる、あるいはたった1人のお客様を徹底的に感動させる方法を30通り考えることはできます。脳みそに汗をかいてもらい、このような視点からお客様を魅了する方法を一生懸命考えるように仕向けましょう。これは社長自らやって欲しい最も重要な思考トレーニングです。

たった1人のお客様に徹底的に喜んでもらう30通りの方法を考える。このお手伝いをすることこそが柴山式コンサルの本質です。

そのためにも**顧客の定義**が大事で、そのお客様のことが深く理解できるようになるまでリサーチと検討を繰り返し、喜んでもらう方法を徹底的に考えます。

そこまでやれば、会社が儲かる可能性がグーンと高まります。

多くの会社は、まず自社のミッションから考える傾向があります。しかし、いきなりミッションや経営理念のようなものから考えようとすると、話が大きすぎたり抽象的すぎたりして、なかなか良い考えが思い浮かびません。

そこで、より簡単なのが、誰にサービスを提供するかを明確にすることです。ここで欲張ってすべての人に喜んでもらおうとするとミッションが不明瞭になってしまい、しっかりした経営方針が打ち出せなくなります。ミッションがぼやけてしまうのです。ミッションをシャープにするためには、誰を喜ばせるかという1人を決めることが重要です。

過去の顧客リストや売上記録から、どういったサービスや活動に対してお客様が感動してくれたかという情報を集めます。そうすることにより、どのようなお客様に対してサービスを提供すればいいかが見えてきます。

ペルソナ

ここで、「顧客は誰か」を明確化するにあたって、**「ペルソナ」**という概念を知っておきましょう。ペルソナとは、簡単に言えば商品やサービスを必要とする代表的な顧客のイメージのことです。

地域はどこか、男性か女性か、何歳か、何をやっている人か、どんな趣味を持っているか、家族構成はどうなっているか、年収はいくらかなど、一個一個を丁寧にピックアップして、この人は何に悩んでいるのだろう、何に喜びを感じているかなど、その人になりきって、本人以上に詳しく話せるまでイメージすることがポイントです。相手以上にその人のことを詳しく説明できるくらいの意気込みで、徹底的に調べるのです。

例えば、35歳男性、奥さんが30歳、そして幼稚園の女の子が1人いる。次に、役職は係長か課長か、出世競争はどうか、本人はどのような価値観で仕事をしているか、なども状況としては大事です。あるいは、社会に出て10年目、そろそろキャリアの曲がり角にきていて、今後の自分の方向性を決めないといけない。

このように、できるだけ細かく踏み込んで、顧客となる対象者の現状や関心事、悩みなどをイメージし、明確化するのです。

1人の理想のお客様のイメージを明確化し、その人が涙が出るくらい喜ばせるように30通りの方法を考えましょう。

8　社長の仕事の8割は戦略作り

中小企業にとって経営のバイブルとなる**『ランチェスター戦略』**を学ぶとき、参考となるおすすめの本は、**『小さな会社☆社長のルール』**（竹田陽一著　フォレスト出版）です。この本の著者である竹田陽一先生は、中小企業向けランチェスター経営の第一人者です。

例えば、従業員30名以下や年商2～3億円以下の典型的な中小企業は、売上の確保が最重要テーマです。売上をしっかりと確保しなければ、明日の生活さえ苦しくなってしまいます。もちろん大企業でも売上が落ちることは良くありませんが、大手の場合は多少落ちたくらいではまったく痛くありません。

しかし中小企業の場合は、月の売上が50万円落ちれば年間600万円減の大打撃です。組織力や資金力、あるいは設備の規模やブランド等の経営基盤が弱い中小企業は、大企業とは違った経営の考え方をするべきです。

社長の経営実力を決める要因

【人的主体要件】
1．熱意・決断力・仕事時間・・・・・53％
【経営能力要件】＝＝＝＝＝＝＝＝＝＝＝＝＝
2．目的・目標（情報・革新）・・・・27％（57％）
3．戦略・仕組づくり・教育訓練・・・13％（29％）
4．戦術（日々の反復業務）・・・・・・7％（14％）

広義の戦略 86％（2と3の合計）

（出典「小さな会社☆社長のルール」竹田陽一著（フォレスト出版））

「経営実力を決める4つの要因」

ここで、社長の経営実力を高めるために非常に役に立つ理論をご紹介します。

『小さな会社☆社長のルール』の中では、社長の「経営実力を決める4つの要因」が挙げられています。

同じ業界で、A氏とB氏という2人の社長がいたとして、この4つの能力が高い方が生き残ると考えられています。

図ではまず、社長の人間性や性格などを指す**「人的主体要件」**で、1番目の要因として、「熱意・決断力・仕事時間」を挙げています。

まず**「熱意」**を持っているかどうか。自分がいる業界・サービスに対して熱意を持って努力すれば、現状を変えていくことができます。

次に**「決断力」**。なかなか決められない性格というのは、社長としては不適格です。私の経験上でも、決められない社長さんは経営が厳しくなる一方でした。しかし留意していただきたいのは、正しい決断をする社長が必ずしも良い社長というわけではないということです。正しいか正しくないかはやってみないと分かりませんし、間違っていると思ったらさっさと軌道修正すれば良いのです。とにかく決断を先延ばしにしないことです。

「仕事時間」。長時間労働というとブラック企業かと思われてしまいそうですが、それは「従業員」に限った話です。今どきの職場環境で考えるならば、働き方改革に配慮し、ここでいう長時間労働とは、あくまで社長（経営者）の話と考えた方が無難でしょう。

ランチェスター理論では、他の社長の3倍の効果を出すためには、$\sqrt{3}$倍の時間を投入すべきと語られています。要するに**1・7倍の時間を費やせ**ということになります。

例えば、ライバル企業の社長が1700時間働くのであれば、こちらは3000時間働くのです。仕事の質が同じであれば、よほど実力に差が無い限りは二乗の効果すなわち3倍の効力があるので、（二乗して3倍になる）1・7倍の量の仕事をすればよいことになります。

「人的主体要件」では「熱意」「決断力」「仕事時間」を紹介してきました。これらが社長の経営能力を決める要因のうちの53％を占めています。

次に**「経営能力要件」**で、正しい目的・目標の設定、またそれに合わせて情報収集する能力、革新やイノベーションを起こせるかどうかという能力です。

この要件を先の1番目の要因に続き以下の3つの要因に分類しています。

2番目の要因。「目的・目標（情報・革新）」で27％を占めます。

3番目の要因。「戦略・仕組み作り・教育訓練」で13％を占めます。目標を達成するためのプロセスや戦い方になります。

そして4番目の要因。「戦術（日々の反復業務）」です。毎日の定型業務や期限のある仕事などで、こういったスキルが7％を占めます。

熱意・決断力・仕事時間といった人的主体要件は、どの社長も共通して持っていると仮定すると、経営能力要件が重要になります。

経営能力要件だけを見ると、目的・目標・情報革新が57％を占め、戦略・仕組みづくり・教育訓練が29％、戦術が14％です。

また、目的・目標を広義の戦略と捉えると、「広義の戦略領域」は86％を占めます。言い換えれば、社長というのは、**たった14％しかない戦術、日常業務にばかり関心を寄せていては経営実力が高まらないということです。**

これまで戦術にばかり時間を投入していたのであれば、まずは2割でいいから戦略に時間を割くようにする。そうすれば、経営は徐々に上向いていくでしょう。正しい目標・目的の設定、そして仕組み・戦略作りに時間を投入すると、社長としての経営実力が高まります。経営実力が高まることで中小企業は儲かる。

現実的には、戦略の時間がなかなか取れないとは思いますが、少しずつでもいいので、意識して時間を投入していきましょう。最終的な投入時間は、ライバル企業の社長に対して**1・7倍**ということをイメージしておいてください。

9　イノベーションとは何か

イノベーションと聞くと、新規性の高い事業や、画期的な技術を開発することだというイメージがあるかもしれません。日本語では技術革新という言葉を当てるように、技術の著しい進歩や新たな開発など、理系分野の活動と考える方が多いと思います。

しかし、多くの方が誤解しています。イノベーションは、新しい技術や開発に限ったものではありません。

では、イノベーションとは何かを、改めて一緒に考えてみましょう。

イノベーションとは、**「お客様に対して新しい価値を生み出して提供すること」**と考えていただければ良いでしょう。

ピーター・ドラッカーの言葉に**「事業活動とは市場において知識という資源を経済価値に転換するプロセス」**というものがあります。つまり様々な知識やリソースを、お客様が欲していて満足を与えるような経済価値に転換するということです。したがって、事業活

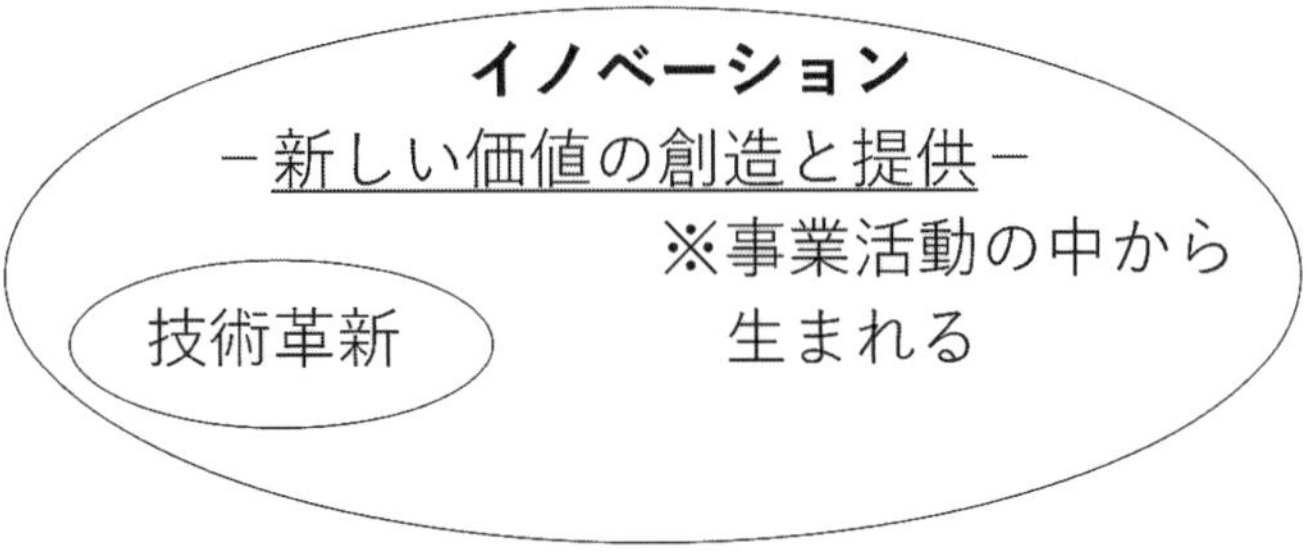

事業活動：市場において知識という資源を経済価値に転換するプロセス。　　（P・ドラッカー）

動というのはプロセスです。

イノベーションは、お客様に価値を与えるプロセスの中から生まれてきます。必ずしも研究室からだけ生まれるわけではありませんし、どの段階・局面でイノベーションが起こるかはやってみないと分かりません。

図では、イノベーションという大きな輪の中の左下にある小さな輪に技術革新があるように、技術革新というのはイノベーションの活動の一部に過ぎません。

マーケティングは、お客様の好み（ニーズ）に合わせる活動です。つまりお客様思考です。お客様が望むものを提供するために、あらゆる企業が活動しています。その活動をマーケティングと考えるなら、**イノベーションとは「お客様にとっての新しい価値の創造」**と言えます。

お客様のニーズ（有効需要ともいう）は、時代とともに変化します。新しいニーズに合わせて会社は事業活動を変化させます。そして今までに無いものを生み出して、価値として提供します。この**「変化するお客様のニーズに合わせる革新的なマーケティング活動」**こそが、私はイノベーションだと考えています。

イノベーションは事業活動の中で生まれる

イノベーションは必ず事業活動の中で起きます。技術革新に限らずサービスの提供プロセスや新しい商品を生み出すこと、あるいはお客様に対するサービスのやり方・伝え方を変える、そういったあらゆる試みの中にイノベーションがあると考えています。

イノベーションとは普段の意識や常識の外にあり、思いがけず訪れるものかもしれません。ドラッカーはイノベーションを起こすには、あえて**「非顧客」**（その人のニーズにマッチした商品を提供できるはずなのに、何らかの事情でお客様になってくれなかった人）に、なぜお客様になってくれなかったのかを聞いてみることが大事だと言っています。

本来はお客様になってもおかしくなかったはずなのに、自社の強みを十分に伝えられていない、信頼関係が築けていないなどの理由で見込客で終わってしまった非顧客に聞いてみるのです。さらに、見込客にすらなっていないが、自社の提供する商品サービスを購入していたら満足をいただけるはずだった人にもあえて聞いてみることも非常に有効でしょう。

イノベーションとは「お客様に対して新しい価値を創造し提供すること」です。それは事業活動の中から生まれるのであって、必ずしも研究開発などの理系分野の話に留まりません。事業活動とは、知識という資源を商品・サービスとして経済価値に転換するプロセスです。そのプロセスの中のいかなる場面からも、イノベーションは生じ得るのです。

10 イノベーションを会社に起こす方法

ここでは、会社にイノベーションを意図的に発生させるための方法・手順について考察していきます。

まずはイノベーションの定義をおさらいしましょう。

イノベーションは、事業活動の中から生まれるもので、お客様のニーズに対して新しい価値を創造し提供すること。それはマーケティング活動の一環として考えることができます。マーケティングは、会社が持つ資源を、お客様のニーズ・要求に合わせて変化させることです。お客様の需要や満足心を満たすため、会社のあらゆる活動の照準を合わせることともいえます。

マーケティングの一環としてのこのイノベーションをどのように発見し仕掛けていくか。意図的に会社の中に発生させることはできるのか。

お客様に喜びと感動を与えて、新たなビジネスチャンスを発見・開拓していくという活動についてみていきたいと思います。

イノベーションの機会を探すポイント

第一に、イノベーションのチャンスや機会について、ドラッカーは**「予期せぬ成功」**だと語っています。要するに、自分たちが予想していなかったような思わぬ成功が、すでに会社の中に起きているというのです。

第二に、マーケットで起きているギャップやニーズの存在が、イノベーションの糸口になります。

第三に、マクロ経済的な話になりますが、産業構造や人口構造の変化に伴い、ニーズも変化していくことがあります。例えば、年齢、住環境、年収、学歴などです。他に性格や思想、外国人の比率など、様々な属性が考えられます。これらの構造の変化も当然イノベーションの機会となり得ます。

第四に、認識の変化もビジネスチャンスとなります。例えば、今と昔では、教育に対する考え方は大きく変わりました。私が子供の頃は、教師が生徒に対して、今なら問題となりそうな形の厳しい指導をすることがありました。

子供が悪事をはたらいたり、道から外れた行為をしたと思ったら、すぐに廊下に立たされました。また、家に帰るとすでに親に連絡が行っており、「先生はお前のためを思ってやったのだぞ」と言われ、家と学校で二度も怒られるはめになったものです。

しかし今の時代は、教師の指導方法に対する世間の目がとても厳しくなりました。昔はあまり問題とされなかったパワハラやモラハラなどのハラスメントも同様です。

こういったことは、私が子供の頃は、ほとんど気にされることがありませんでした。

さらに今は、コロナ禍によって人々の行動様式が大きく変わりました。２０１９年までは、マスク無しで出歩くのは当たり前でした。しかし、それから1年も経たない２０２０年の中頃には、マスクをしない方が非常識だと言われるようになりました。このように、ちょっとしたことで常識は変化します。

第五に、新しい知識の出現です。これがいわゆる技術革新に近いでしょう。多くの場合、イノベーションという言葉は「新しい知識の出現」という連想をしやすいものです。

「予期せぬ成功」

ドラッカーは「予期せぬ成功」の中にイノベーションを発見しやすいと言っています。

例えば、ヒット商品になるポテンシャルがあるのに、非常に小さな**「兆し」**しか見えないために見過ごされているケースが時々あります。売上がまだ小さくて、ヒット商品だとは思われていないものがそれに当たります。しかし良く調べてみると、特に努力もなしに自然と売れている。このような、実は潜在能力が高い商品を**「シンデレラ商品」**と言います。家では冷たくあしらわれているシンデレラが、パーティーに行くと王子様に見いだされるというストーリーになぞらえて、そう呼びます。

売上こそ小さいが、努力も無しに売れているケースが、過去の売上の伝票や明細、記録を確認すると見えてくる可能性があります。あるいは、売れている理由がよく分からない商品も時には存在します。

主要商品の展開が忙しいために、小さな兆しに気付かない、見逃している。でもそれは、まとまったリソース（時間、予算、人）を投入すると、大きな商品に育つ可能性がある。そういった、ヒットの兆候があるシンデレラ商品を見つけましょう。

何もしていないけれどちょこちょこ売れていて、まだ脚光を浴びていないものを探してみる。これが「予期せぬ成功」、イノベーションを引き起こす重要なポイントになるかもしれません。

コンサルティングするときの参考にしてください。

第4章

4

ミッション

1 ミッションの重要性

ドラッカーの本を読んでいると、**「我が社のミッションは何か」**といった質問がよく出てきます。具体的に「我が社の主要な事業・目的は何なのか」と言い換えても良いでしょう。ドラッカーは企業のミッションは**「顧客の創造」**であるといいます。

顧客は、サービスを利用することで、より便利で快適な暮らしになることを望んでいます。そのニーズに応えて豊かさを生み出すことが、会社のミッションです。

ランチェスター経営で有名な竹田陽一先生も**「お客様づくり」**と表現しています。

プロダクト志向／マーケット志向

『100円のコーラを1000円で売る方法』（永井孝尚著 KADOKAWA）という本に書かれている事例をご紹介します。

化粧品を製造・販売しているA社とB社があります。A社のミッションはプロダクト志

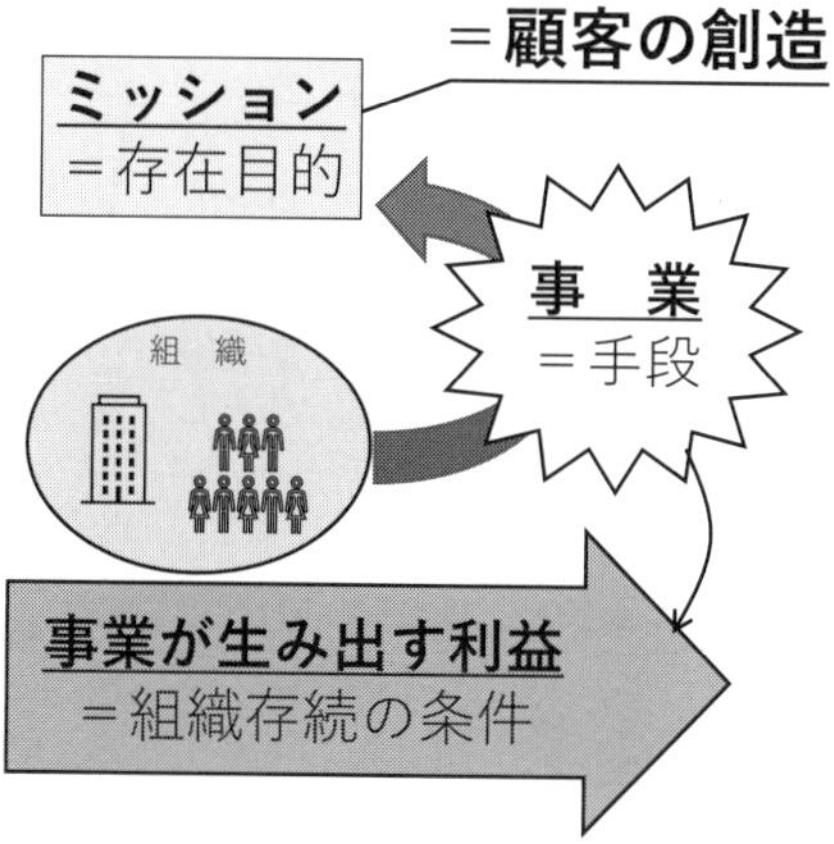

向（製品志向）であり、「化粧品の製造・販売」です。つまりは「生涯にわたって、技術・革新を用いてひたすら化粧品を作り続ける」と言い換えることができます。もちろん、これはこれで構いません。

そしてB社も同じく化粧品の製造販売をしていますが、こちらはマーケット志向で考えています。B社は化粧品を売ることを通じて、お客様にとってのメリット（ベネフィット）を追求することを第一に考えています。「お客様のライフスタイルや自己表現、夢を売ること」と言えるでしょう。要するに化粧品という商品は手段で、その手段を用いてお客様の求める豊かな社会を実現する、という点に意識を向けています。

A社とB社は同じ化粧品販売をしているのに、まったく違うミッションが生み出されました。A

社は製品開発に重きを置いたプロダクト志向のミッション、B社は夢を売るお客様志向のミッションです。他にも市場の動向や考え方でミッションを定義するマーケット志向などもあります。

どちらを選択するかは時代の状況によりに変わると思いますが、今はモノが溢れており、流行も刻々と変化している時代です。そう考えると、A社のようにモノをメインとしたミッションは厳しいのではないかと思います。

一方、B社のように目先の流行には囚われず、お客様の変わらぬ便益（ベネフィット）を主軸にした考え方の方が時代に合っているように思います。お客様がより美しくなることを通じて、ライフスタイルや自己表現をサポートする。そのための道具が商品である化粧品だと考えれば、世の中の様々な変化に対応していけるのではないでしょうか。

プロダクト志向のミッションよりも、その製品の先にあるお客様の夢・満足をどのようにして実現するかを考え、マーケット志向でミッションを作っていく、その方が、より柔軟性があり市場の変化に対応できるのではないかと思います。

商品の提供ではなくお客様のベネフィットを考えることが、ミッションの作り方のポイントです。

「ミッション」は組織の存在目的

プロダクト志向よりもマーケット志向の方が良い結果をもたらします。その方が「顧客の創造」につながりますし、激しい環境の変化に対して柔軟な対応が可能です。そして、そのミッションを実現するための手段が**「事業」**であると考えるべきです。その事業が順調に運営されることで、**「利益」**が生み出されます。利益は**「組織」**が存続するためのコストでありエネルギー源になります。

したがって、**利益を生み出すことは組織存続の条件である**、ということを知っておいてください。

ここで出てきた5つのキーワード、「ミッション」「顧客の創造」「事業」「利益」「組織」の関係性を、この機会にしっかりと理解しましょう。事業はあくまで手段です。商品そのものは会社の存在意義ではありません。

本当の存在意義は、お客様にとっての**「ベネフィットの実現」**です。これを念頭に置き、組織の存在目的のサイクルをしっかりと反復して覚えてください。

2 ミッションとゴールとビジョンと事業計画の関係

ミッションとゴールとビジョンとの関係について解説します。

あらためて、ミッションとは「企業または組織が存在する目的」です。すなわち、社会において貢献すべき対象である「顧客を創造」すること、さらには、お客様の生活における豊かさや便利さ＝ベネフィットを実現することにほかなりません。

そして、事業はそれを実現するための器あるいは手段です。

企業は必ず事業計画を作ります。そのため、どうしても企業活動の主役は「事業」だと思いがちです。しかし、本当の主役はお客様です。主役であるお客様をいかに満足させ、より豊かな暮らしを提供できるかどうか。その手段として事業を選択し、企画する。その**計画を実行するためにプロセスやスケジュールを考えるのが、事業計画です。**

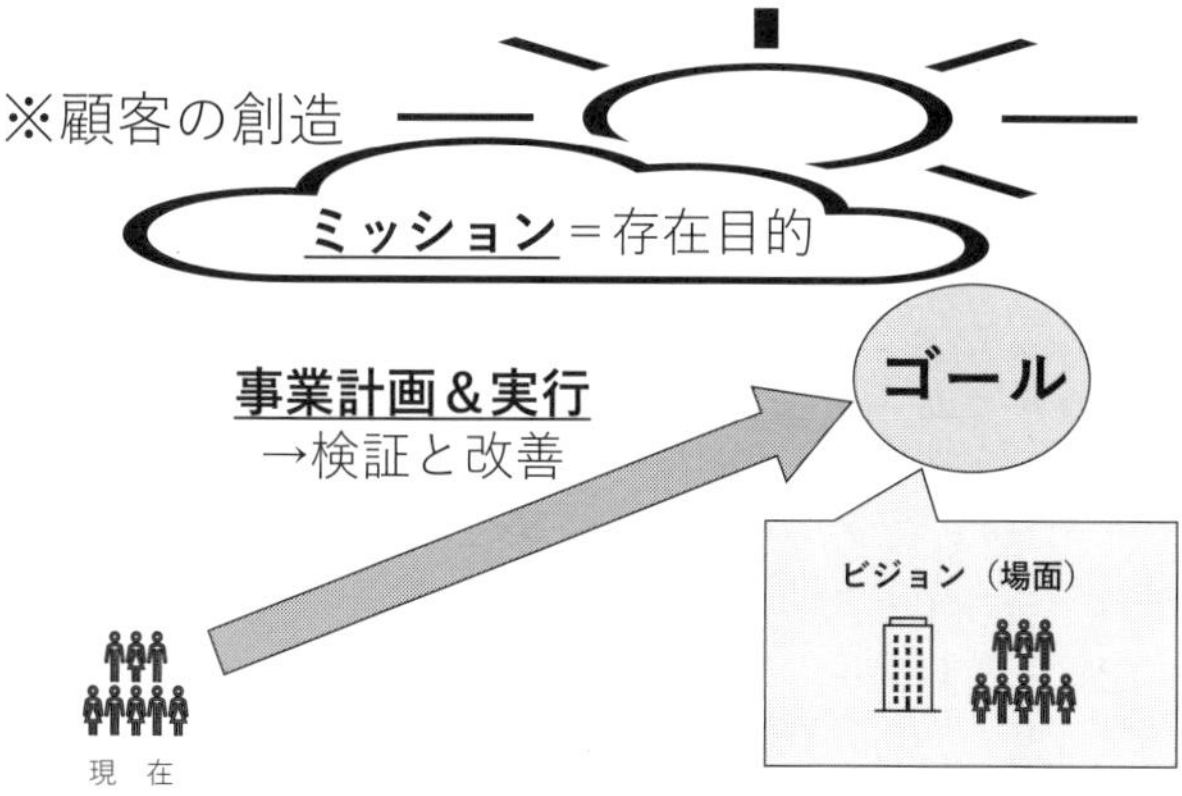

フィードバック

事業計画と実行はもちろん一体であり、実行した後は、計画と実行を比較・検証し改善を行います。事業計画が十分に練り込まれていれば、実行した結果と対比することにより、何が良かったのか、悪かったのかが明確になります。そして、計画と実行のギャップを情報として受け取ることが大切で、これを**フィードバック**と言います。フィードバックとは**「事実を返す」**という意味です。

経営参謀は、このフィードバックの装置としての役割があります。

経営者は、自分が偏った考え方をしている、あるいは、経営戦略が好ましくないということを、自らは、なかなか気付きません。何が行き過ぎているか、どこがズレているかを、参謀との対話や質疑応答によって気付くことができるのです。事業計画の作成、実行、検証でフィードバックを与え、改善を実行する、それを繰り返してゴールに近づかせることが参謀の役割と言えるでしょう。

ゴールが無ければどこに向かって行くべきかが分からないので、事業計画自体が立てられません。つまりゴールは必ず必要なのです。ミッションと同時に考えるべきは自社が当面目指すべきゴールです。

ミッションを確認する

前の例で挙げた化粧品会社で考えてみましょう。化粧品というプロダクト（製品）を売っていると考えると狭い考えになります。そうではなく、お客様の美と夢の実現、自己表現やライフスタイルのサポートをすると考えると、より広いミッションになります。

単なる商品を売って利益を得ることだけではなく、「お客様のベネフィット、ライフスタイルの実現」のようにミッションを考えれば、社員の仕事に取り組む姿勢も大いに変わってくるでしょう。社員1人1人が、この「お客様のベネフィット、ライフスタイルを実現する」というミッションを確認していれば、細かく指示しなくても自ら工夫して行動できるようになります。だから、ミッションは大切なのです。

ミッションを作るときは、ベースは社長が決めるとしても、その後は社員を巻き込んで一緒に考えるのがいいでしょう。一緒に練り上げたミッションは自分から守ろうという気になるからです。

ゴールを決める

次に、ミッションに沿った形でゴールを決めます。抽象的でも構わないので、5年後に我が社はこうなっていたいというような、到達点を考えます。

売上はいくらなのか、社員は何人なのか。また、どこに本社があって、どこに工場があるのか。そういったことを含めてゴールを決めます。現在の売上が1億円だから5年後には2億円にしよう、といった数値目標も1つのゴールです。ゴールとは自分たちが望む姿、もしくはあるべき姿です。

ビジョンをイメージする

その想い描いたゴールを達成したいときは、映画のワンシーンのようにビジョンをイメージします。例えば、化粧品会社である我が社は、東京都港区の一等地で、景色が非常に綺麗なビルの最上階にオフィスを構えている。毎日のようにお客様とアポを取って美についての相談を受けている。お客様には喜んでもらっている。そういった場面をイメージするのがビジョンです。

ゴールへのプロセス、事業計画を作る

次に、ゴールに至るためのプロセスとして、今何をするべきか。5年後に売上が10億円になっていると考えれば、4年後ならどうか、3年後ならどうか、2年後ならどうか、1年後ならどうか。どんどんプロセスを現在に近づけていき、半年後や3ヶ月後の目標プロセスまで細かく考えていくのです。

会社のミッションをこなせば実現しているであろう未来の姿、それこそがゴールであり、ゴールに到達したときの映画のワンシーンのようなイメージがビジョンです。そして、そのゴールに至るためのプロセスの設計図が事業計画です。

ミッション、ゴール、ビジョン。そして事業計画の関係を、ぜひこの機会に知っておいてください。

3 顧客を絞り込む

顧客の定義について再度考えてみましょう。

次頁の図にあるように、会社の抱えている経営資源には限りがあります。

たとえトヨタ自動車やソフトバンクといった巨大企業であっても、日本の人口1億2千万人すべてのニーズ・需要を満足させることはできません。1つの会社がすべての人のあらゆる欲求に応えることは不可能です。巨大企業ですら不可能なのですから、我々のような中小企業はピンポイントなニーズにしか応えることができません。

例えば、中小企業の社長に向けて「御社のお客様はどんな人ですか？」と質問したとします。すると、冗談半分かもしれませんが「あらゆる人、できるだけ幅広い顧客層が対象です」などと答える社長さんがいらっしゃいます。

それは現実的ではありません。

ここで必要になるのは、「顧客は誰か」という徹底的な絞り込みです。例えば、市場に

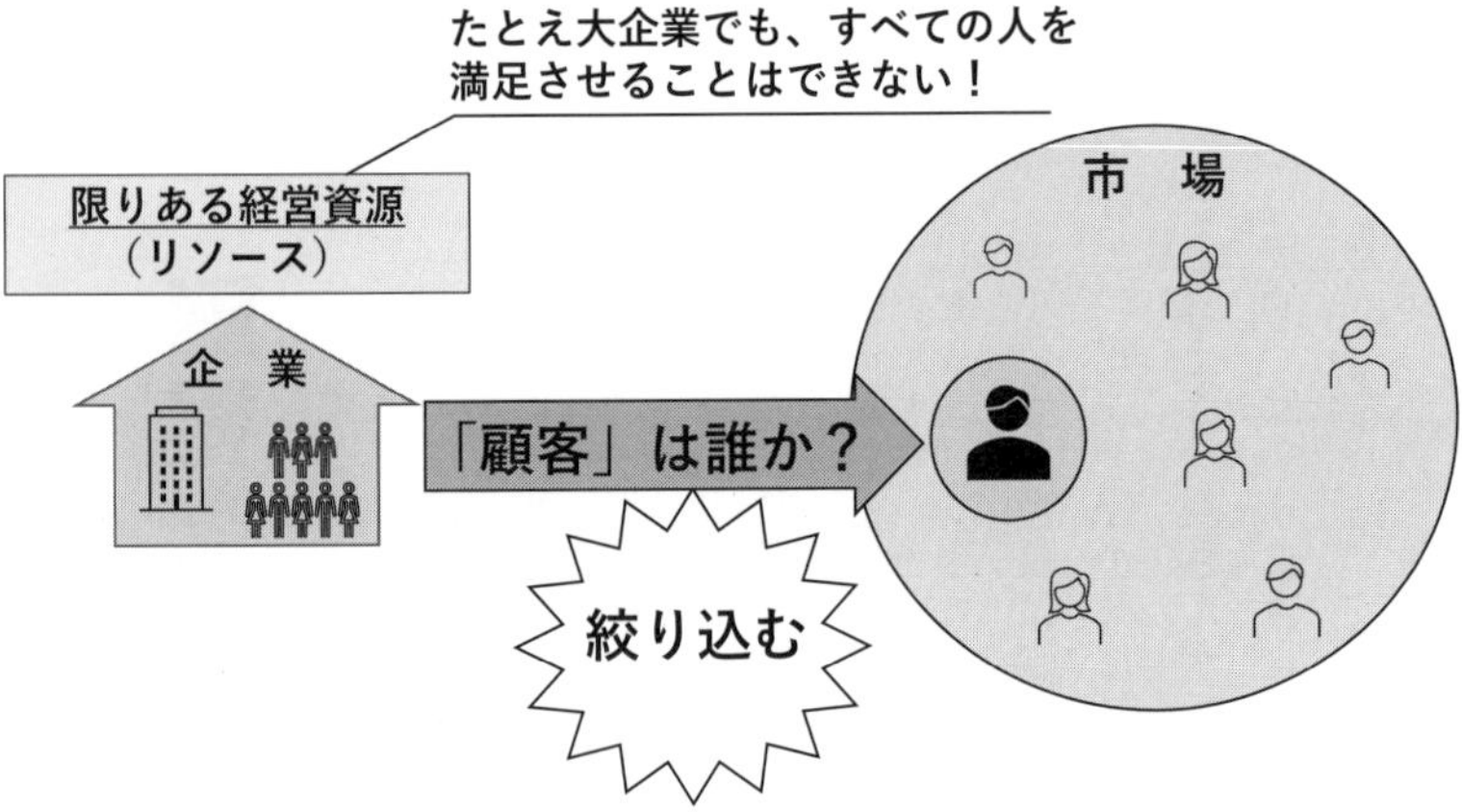

は女性も男性もいますし、年代も幅広く存在します。20代と80代で、ここまで歳が離れると、学校教育や価値観、時代背景がまったく異なります。さらに流行に関しては5歳単位で考え方が違ってきます。地域差もあります。北海道から沖縄まで日本は縦に長いので、北と南ではニーズも考え方も当然変わるでしょう。このように、あらゆるセグメント（事業区分）に分けることができます。

その際に、**「我々の会社にはどんな専門知識があるのか」**という視点で考えると顧客が誰なのかが見えてきます。

私は柴山会計ラーニングという会社を10年近く運営しています。当社は簿記検定試験の合格を目指している方を対象に、簿記と会計の知識と計算技術を、テキスト・講義を通じて提供しています。柴山会計ラーニングの専門知識は、簿記会計に関する教育です。それを中心に、経験・知識・教え方のスキルを研究開発しています。

このリソースにピッタリとハマるお客様は誰かというと、「簿記に関心があり、簿記を通じてキャリアアップに繋げたい」と考えている方です。

このように、会社の経験と実績から考えて、自社の卓越した知識・専門性は一体何なのかを明確にする必要があります。自社が持っている資源・リソースが重なり合う顧客を、できるだけ絞り込むことが大事になります。

大企業であっても、スタートは小さい会社から始まっています。

最初はたった1人のお客様の考え方・性格・思考・背景を考え抜いて、徹底的に研究したのです。そうすることでお客様の様々な悩みが見えてくるので、それに対応する方法をたくさん考えます。サービスやマーケティングの方法、集客の方法などを数多く考え抜くこと。これが非常に重要です。

さらに言うなら、社長にとってお客様とは市場にいる人だけでなく、社員もお客様と捉えることができます。社員がどんな悩みを持っているか、どんな欲求を持っているか。そういったことを考えてみると、内部の顧客という観点で社員を考えてみるのも有効でしょう。

4　ミッションの決め方

会社の社長室や応接間に、例えば「誠実」「努力」「勤勉」といったお題目が額縁に貼って飾られており、これがミッションと考えられているかもしれません。しかし、どれもありきたりで、社員からしてみれば、「ああ、何か貼ってあるね」といったところでしょう。

昭和時代の会社にありがちだったのが、朝礼でみんなで経営方針を唱和するというものです。当番の人が前に出て「誠実！」と言えば、みんなも一斉に「誠実！」などと叫ぶわけです。また、天気の良い日は外に出て、みんなでラジオ体操をやったりする企業も珍しくありませんでした。みんなで一緒に何かをやることに対して、大きな価値を置いていました。

しかし、今どきの社員が、皆で経営方針を唱和したりラジオ体操をして結束力が高まるかというと疑問です。

現代は、メールやＺｏｏｍなどデジタル通信の手段を使って、ミッションを共有できる

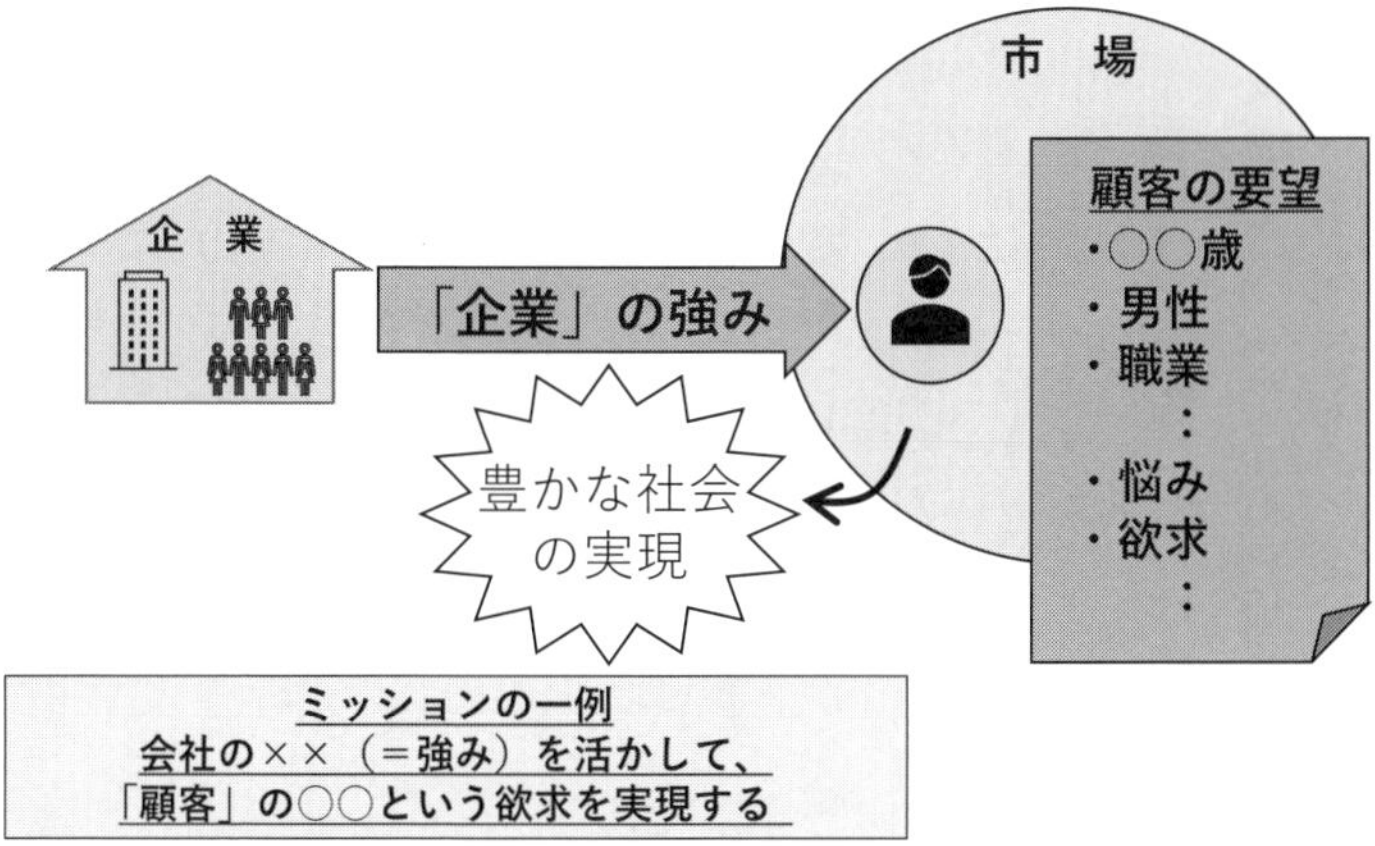

ようになりました。しかも新型コロナの影響もあり、一堂に社員が会することができなくなってしまい、働き方そのものが変わりました。

そんな現代においては、多様な働き方に合わせた経営方針やミッションが必要であり、ミッションの伝え方がより大切になっています。

ミッション作りは後回しにする

会社にミッションは必要ですが。ただ、ランチェスター戦略の竹田陽一先生も指摘しているように、もしミッションや経営方針が思いつかないのであれば、とりあえず後回しにするという決断も必要です。特に中小企業は、マーケティングや商品開発、営業に時間を割くべきです。まだミッションがピンと来ていないところで無理やり作ったとしても、「努力」や「貢献」といったありきたりな言葉になってしまいます。どこの会社にもあるような社訓や企業理念なら、そんなものは無くしてしまっても良いのです。だから、ひとまずミッションは横に置いておき、当面やるべきことに注力しましょう。

ただし、作れるならば作るにこしたことはありません。いくら考えても思いつかないときの選択肢として、横に置いておくこともアリだということです。

ミッション作りのポイント

では、ミッションを作る上でどのように考えればいいかを、私の1つの参考意見として聞いていただければと思います。

「顧客は誰か」という問いから始めると分かりやすくなります。

ドラッカーの有名な「5つの質問」があります。

1番目は、我が社のミッションが何か
2番目は、顧客が誰か
3番目は、顧客にとっての価値は何か
4番目は、事業からの成果は何か
5番目は、それらをどう計画するか

です。

最初にミッションに関する質問があり、2番目、3番目は顧客に関する質問です。

考えてみると、ミッションのような抽象度の高い言葉をいきなり最初に考えるというのは話が大きすぎて、なかなか思うように言葉が出てこないかもしれません。例えば、「幸せって何ですか？」とか「あなたの生まれた意味は何ですか？」といったことを聞かれたらどうでしょう。コーチングの世界では、大きな質問を先に与えてしまうと、クライアントは面食らってしまい、思考が止まってしまうことがある、と言われています。

対処法として、現実に目を向けてお客様を想定してみましょう。つまり、2番目の**「顧客が誰か」から入るといいのです。**そうすると、「お客様に対して満足いただくことがミッションである」という考え方が生まれてくるのです。

「当社にとってのお客様は誰なのか？」というテーマは、永遠のテーマであり事業のすべての出発点となるものですから、どれだけ強調しても強調し足りないくらい、日ごろから意識しておきたいことなのです。

例えば、35歳独身男性を想定して、悩みは何か、欲求は何か、読んでいる雑誌は何か。そういったことをできるだけ細かく分解してプロフィールを考えます。前に説明した「ペルソナ」というものです。できるだけ具体的にお客様のプロフィールを想定します。場合によっては、当社のお客様にリサーチしたりアンケートを取ったりします。もちろん、客層に関する情報をインターネットを使ってリサーチもしましょう。

そしてお客様に対する具体的なイメージを持った上で、そのお客様の悩みを解決し、欲求を充足させてあげられるサービスは何かを考えます。その結果としてミッションが明確になるという形があってもいいのではないかと思います。

企業のミッションを広義で捉えると、豊かな社会の実現です。それを自社の強みに合わせて、できるだけ具体的でエッジの効いた、心にピタッと刺さるような言葉で表現できればベストでしょう。

ミッションの例としては、

「自社の○○を活かして、お客様の欲求を実現する。」

このように先に構文を用意して、形から入るといいかもしれません。言い回しを変えたり、言葉を足していったりすることで、だんだんオリジナルのミッションにしていくのです。

「会社の××という強みを活かして、お客様の○○という悩みを解決する」
「お客様の欲求を実現する、お手伝いする」

最後にリッツ・カールトンの有名な言葉をご紹介します。

「We are ladies and gentlemen serving ladies and gentlemen」

私たちは紳士淑女に仕える紳士淑女であり、我々リッツ・カールトンの社員もスタッフもladies and gentlemenとして、サービスしましょうということです。

こういった気の利いた言葉が見つかればいいのですが、思いつかなかったらとりあえず横に置いておき、商品開発などのやれることをやりましょう。そういった発想も、ランチェスター戦略の竹田陽一先生が言うように1つの戦略です。

いろいろな考え方がありますが、自社の強みと顧客にどのような貢献ができるかという観点から、ミッションを考えてみてはどうでしょう。

第5章

5

戦略

1 戦略と戦術の違い

将軍の術

戦略は将軍の術ともいいます。

原則として将軍は自分では戦いません。将軍は高い所から俯瞰します。戦場から一歩引いて、準備した戦略に基づいて兵士を動かし、戦況を見守ります。

会社に置き換えると戦場は現場です。つまり、社長は、現場から一歩引いた位置に立って会社全体を観察します。全体を観察して状況を把握し、大きな流れを見るのが役割です。社長が現場に入り込むと「木を見て森を見ず」になり状況を見誤ります。

戦場における兵士は、経営の現場で頑張っている社員に置き換えられます。社員は一生懸命に目の前の業務に頑張っていますが、社長が社員と一緒になってそれをやってはいけません。

戦略で決定すべき事項として、図のように経営目的から資金調達と配分まで9項目の内

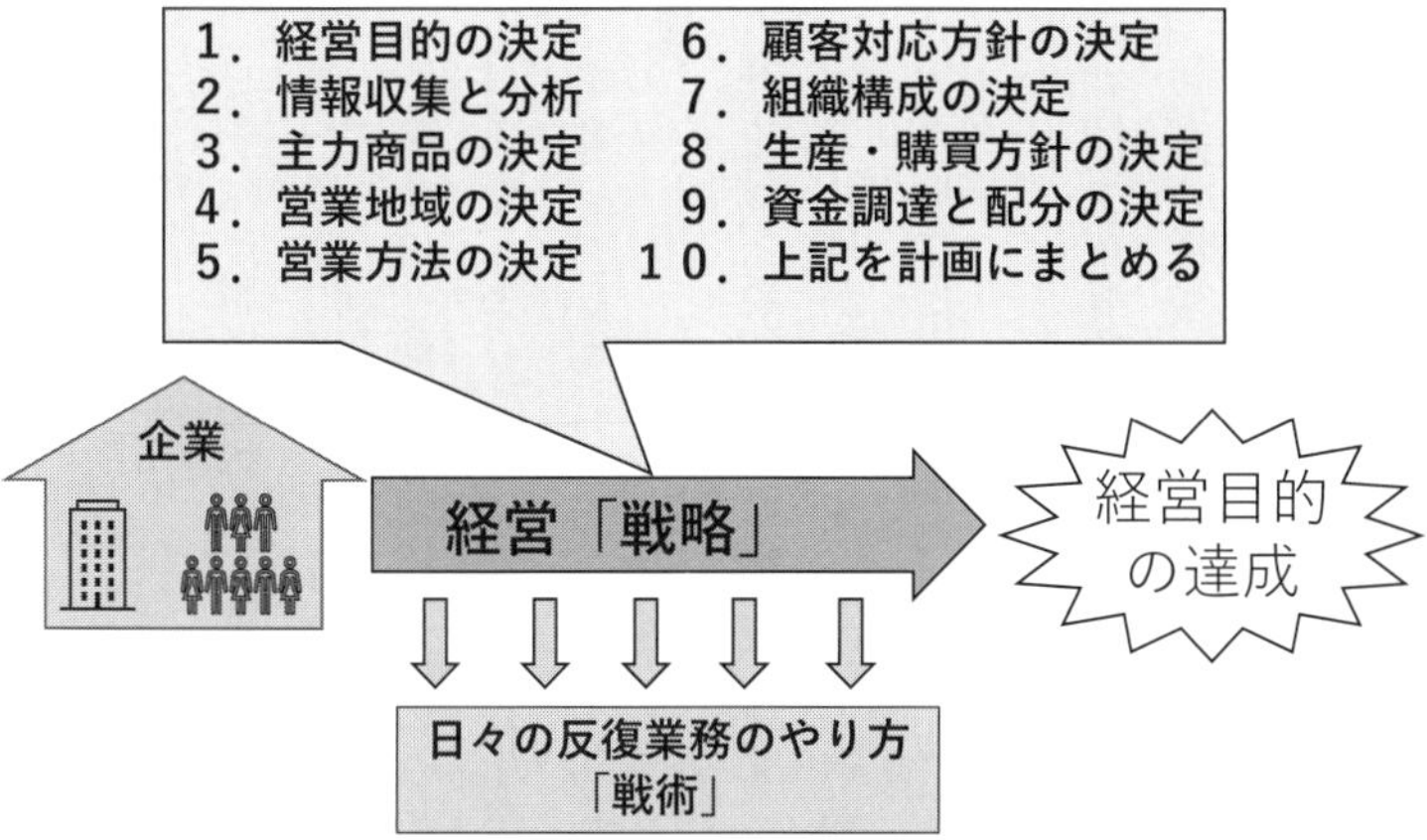

容があり、それらをまとめる作業として10番目の計画作成があることを確認しておきましょう。

会社は、長期的に成長することにより、社員の生活を豊かにすることができるのです。したがって、緩やかでも長期継続した成長が不可欠です。

社長は、長期的な成長を目指して日々会社の行く末を考える存在です。いちばん前向きな存在が社長でなければいけません。

5年後にどこにいたいのか、例えば、目指す目的＝売上5億円を決定しそこを目指します。そして、途中の1年ごとの予算、今年は2億円、来年は3億円、・・・というように、通過点の目標を明示します。こういった方向性を示すのが社長なのです。これが将軍の術、戦略の意味です。目的達成のための道筋、進め方です。社長は目的達成のための戦略に集中するのです。

兵士の術

続いて、兵士の術とは何かです。

兵士は、将軍が決めた戦略に沿って戦場で戦います。会社で言うなら、社員は、社長が決めた戦略に沿って、目標に到達するために反復作業（営業活動・生産活動）を進めます。例えば、売上5億円達成のために、どのように人員を配置し、個々の現場の生産性を上げるか、どうすれば効率的かを考え実践します。それが戦術です。

戦術については、ランチェスター理論を展開されている竹田陽一先生が参考になります。

兵士は、将軍の術に沿ってまず、持ち場につきます。これが会社でいえば組織図です。次に、社長が立てた戦略に沿って社員が行動します。「この地域に訪問を重点的にかけてください」とか、「週に1回、100通ずつDMを送ってください」というようにです。

戦術は手足を使い、戦略は脳を使う

戦術の特徴として道具を使います。戦術で使う道具は、ペン、電卓、パソコンのキーボードなどです。あとは体を動かす作業です。戦術とはすなわち、作業のやり方です。

一方、戦略は道具を使いません。手や道具を使わず脳内で完結します。表現するために最低限手は使いますが、メインではありません。戦略は目に見えないので、儲かっている会社の戦略を真似できません。そこで、戦略をを見える化したものが経営計画です。

戦略は目的を達成するまでの道筋や戦い方、戦術は「戦略を前提」として日々の反復業務を忠実に行うこと、これが大まかなイメージです。

2 ランチェスター戦略とは

中小企業にランチェスター戦略をもたらした竹田陽一先生は、私たちに多くのことを示唆してくれています。ここでは、竹田先生の理論を参考にしながら、ランチェスターの法則について説明を試みます。

ランチェスター法則は、シンプルに2つの公式で説明されます。

まずは第1法則です。

「攻撃力」＝兵力数×武器の性能と表せます。

言い換えると、戦力は、**（量）×（質）**となります。ここでいえることは、相対する2つの軍の質に差が少ないときは、**攻撃力≒兵力数**になるということです。

第1法則は、刀や槍などでの一騎打ちなど、接近戦として行う1対1の直接的な戦いです。この条件で5人のX軍と4人のY軍が戦うと、Y軍が全滅する頃には、X軍の戦死者も同数の4人になり、X軍の生き残りは1人となります。つまり戦死者の出方は「1対1」です。

これを効率で考えると、どちらも「1」になるので、どちらの損害も4人ずつで同数発生することになります。

次に、第2法則です。

「攻撃力」＝兵力数の二乗×武器の性能と表されます。

言い換えると、戦力は、**（量）の二乗×（質）**となります。両軍の質に差が少ないときは、**攻撃力≒兵力数の二乗**になるということです。

第2法則は、ライフル銃や機関銃など、兵器の射程距離が長く、双方が離れて戦ったときに成立するといわれています。細かい数学的な説明はここでは省略しますが、離れて戦うと**「確率の法則」**が成立するため、量の二乗の力が働くことになります。

ここで、X軍5人、Y軍4人が鉄砲や大砲などを使って長距離で戦い、Y軍の4人が全滅したとしましょう。このとき、X軍の戦死者は、一騎打ちの時の4人ではなく、次の計算により2人と半分に減ります。

戦死者2人の計算過程は次のようになります。

ランチェスター第１法則　一騎打ち

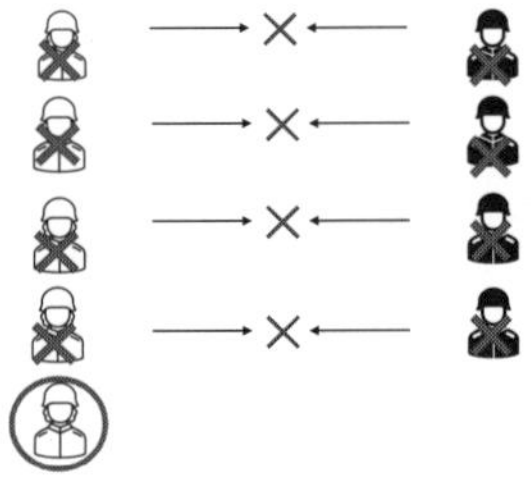

戦力差　５：４

接近戦では、
５－４＝１人が
生き残る

ランチェスター第２法則　鉄砲の戦い

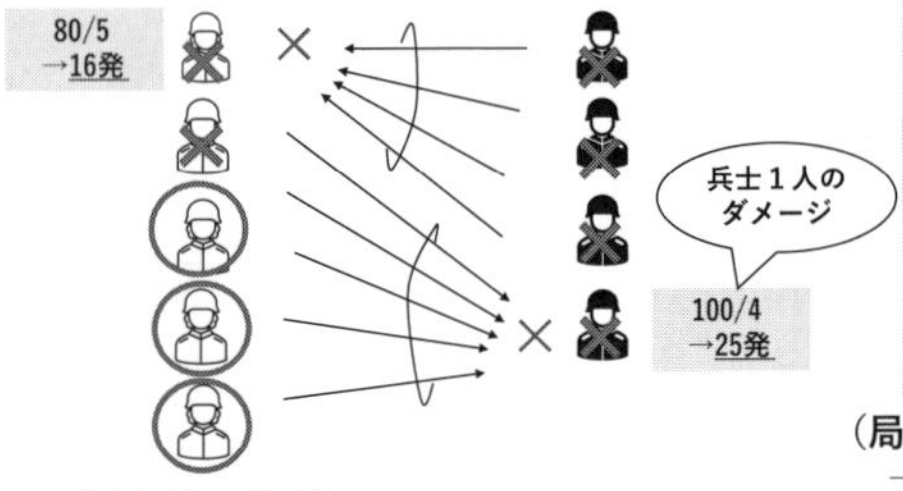

（２０発×５人）
＝１００発

（２０発×４人）
＝８０発

戦力差　5^2：4^2
＝２５：１６
間隔戦では、
２５－１６
＝９（3^2）
すなわち３人が
生き残る。

（局地戦・集中効果の法則）
→企業間競争に応用！

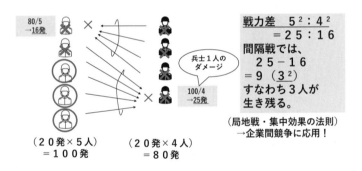

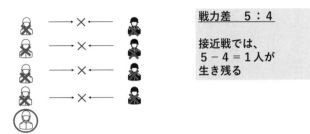

X軍（5人）とY軍（4人）の戦力差が、Y軍全滅後のX軍の残存兵数です。

$\sqrt{5^2} - \sqrt{4^2} = \sqrt{25} - \sqrt{16} = \sqrt{9} = 3$ 人

第2法則では、兵力数が少ない方がより苦戦するのです。

以上より、中小企業のような条件が不利な弱者としての立場にあるものは、差が大きく開かない第1法則に基づき、狭い地域（市場）での接近戦で戦う方が生き残りやすいことを示唆しています。大手のマネをして手を広げすぎると、二乗の効果で不利な戦力差となる第2法則での戦いに巻き込まれるので注意しましょう。

3 商品戦略

商品戦略では、まずどんな商品をお客様に提供するか、について熟考します。

お客様の不便を解消し、快適さを享受するお手伝いをするために利用する手段が商品です。商品はあくまでお客様の欲求を満たす手段です。

うっかりすると、社長自身が良い商品の開発を経営の目的と考えてしまい、お客様の満足が二の次になりがちです。こういうのを**手段の目的化**といいます。良い商品を作ることが経営のゴール（目的）ではありません。経営の本来の目的は、お客様に喜んでもらうことであり、商品はそのための手段に過ぎません。本末転倒にならないようにしましょう。

昔は良い商品を作ることが経営戦略の最優先事項だった時代がありました。なぜなら、モノが十分ではなかったからです。モノが不足している状況なら、良い商品を作ることが主な経営戦略でもいいでしょう。しかし、技術革新が進み、モノが余っている現代では良い商品は当たり前で、むしろ良い商品を突き詰めすぎてしまうと過剰スペックになります。

例えば、スマホの機能を全部使っているでしょうか。また、テレビのリモコンの機能もたくさんありますが、機能全部を使っていますか？　せいぜい２割くらいではないでしょうか。８割の機能は、なくても日常に支障ありません。

このように考えると、お客様のニーズを無視して、開発側のこだわりにすぎる商品はちょっと考えものです。

大事なことは、お客様の不便を解消し、快適の享受のために役立つものを作る。かつ、商品はその時その時のお客様のニーズに対して№１であることです。２番では駄目です。富士山でないと駄目だ！は忘れずに。

主力商品の選定や開発をするときのポイントは、**特殊用途の商品、専門に特化した商品、あるいはピンポイントにお客様のニーズに応える商品**であることです。

中小企業は、使える経営資源が限られているので、あれもこれもはできません。細分化、小口化した商品のニーズに特化すべきです。総合的なサービス提供を目指すと失敗します。

特殊用途なのか専門特化なのか、ピンポイントのニーズ対応なのか、いわゆる**ニッチ戦略**です。商品戦略もニッチというのは大事です。

強者の商品戦略

商品の競争力では、通常は資本力・組織力の優位性で大手が優ります。

商品に関して、大手は低価格品、品揃え、汎用品の薄利多売でマーケットのシェアを取りに来ます。例えば、髭剃り・食器・食品・日用雑貨品などがあります。スーパーやコンビニで売っているようなものはほぼ日用品です。これは薄利多売商品で、1個や2個売っただけでは商売になりません。

1個100円で売っているものの原価が70円なら、30円しか儲かりません。30円の儲けでは社員の給料も払えません。したがって、1000個×100円＝10万円のような単位で売ることを前提にしています。

品揃え、価格戦略で差別化を図り、あとは、テレビ・ラジオなどのマスメディアでコマーシャルを流す、大量にチラシを撒くなどの方法でブランドを高め、広く浅く、いろいろなお客様に使ってもらう。これは**強者の発想**です。

弱者のニッチ戦略（落穂拾い）

強者の真似を中小がやったら当然のことながら倒れてしまいます。そこで弱者は何を考えるかというと、大手がマーケティングコストをかけて集めてくれた新規客の離脱者や、

（理想）

☆大手（強者）とまともに戦わない！

⇩しかし

商品で大手と差別化できない時は…

⇩

☆☆営業（マーケティング×セールス）で差別化する

その周辺で派生的に生じる需要を狙いにいきます。いわゆる**ニッチ戦略**（焦点絞り込み戦略）です。

例えば、広く浅くしか対応できないという大手なりの弱点があるなら、大手に対して不満を持つ人が出てきます。「もうちょっとこうしてほしいな・・・」という人たちがかならず一定数出てきます。

大手が目覚めさせてくれたお客様のニーズに対して落穂拾いをするように、こぼれ落ちた顧客の特化型ニーズを、中小企業は商品として取り扱うことが戦略の基本です。

繰り返しになりますが、特殊用途の品物、それから専門特化した品物、あるいはマニア向けの商品などです。

意識して集めるべき情報は、「大手に不満を持っているお客様のニーズ」です。このニーズを明確にし、そこに自社の主力商品をマッチさせることができたら強いです。

大手のサービス、商品にちょっと不満があるお客様向けに、中小としてサービスを提供することが、ニッチ戦略のポイントと言えます。

強者とまともに戦わない商品の開発が理想です。**狭く深く**です。

４　営業戦略

経営は売りが7割、商品が3割

ランチェスター戦略のセオリーにおいて、経営戦略の４大領域である商品戦略、営業戦略、組織戦略、そして資金戦略のうち、営業戦略が最もウェイトが大きい領域です。

参考までに、経営戦略の４大領域のウェイト付けは、商品戦略27％、営業戦略53％、組織戦略13％、資金戦略７％です。

竹田陽一先生は、経営は売りが７割、商品が３割と説明されています。

世の社長は、ともすると職人気質な方が多く、技術面で良い商品を作ることに重きを置く傾向があります。しかし、モノが溢れている現代は、商品の差別化だけでは圧倒的な地位を築くことが難しくなっています。

それならば、やはり営業面で差別化を図ることを避けて通れません。もう、**「営業！営業！営業！！！」**と、規模が小さい会社ほど、営業が優先事項であることを、しつこく

営業戦略の全体図

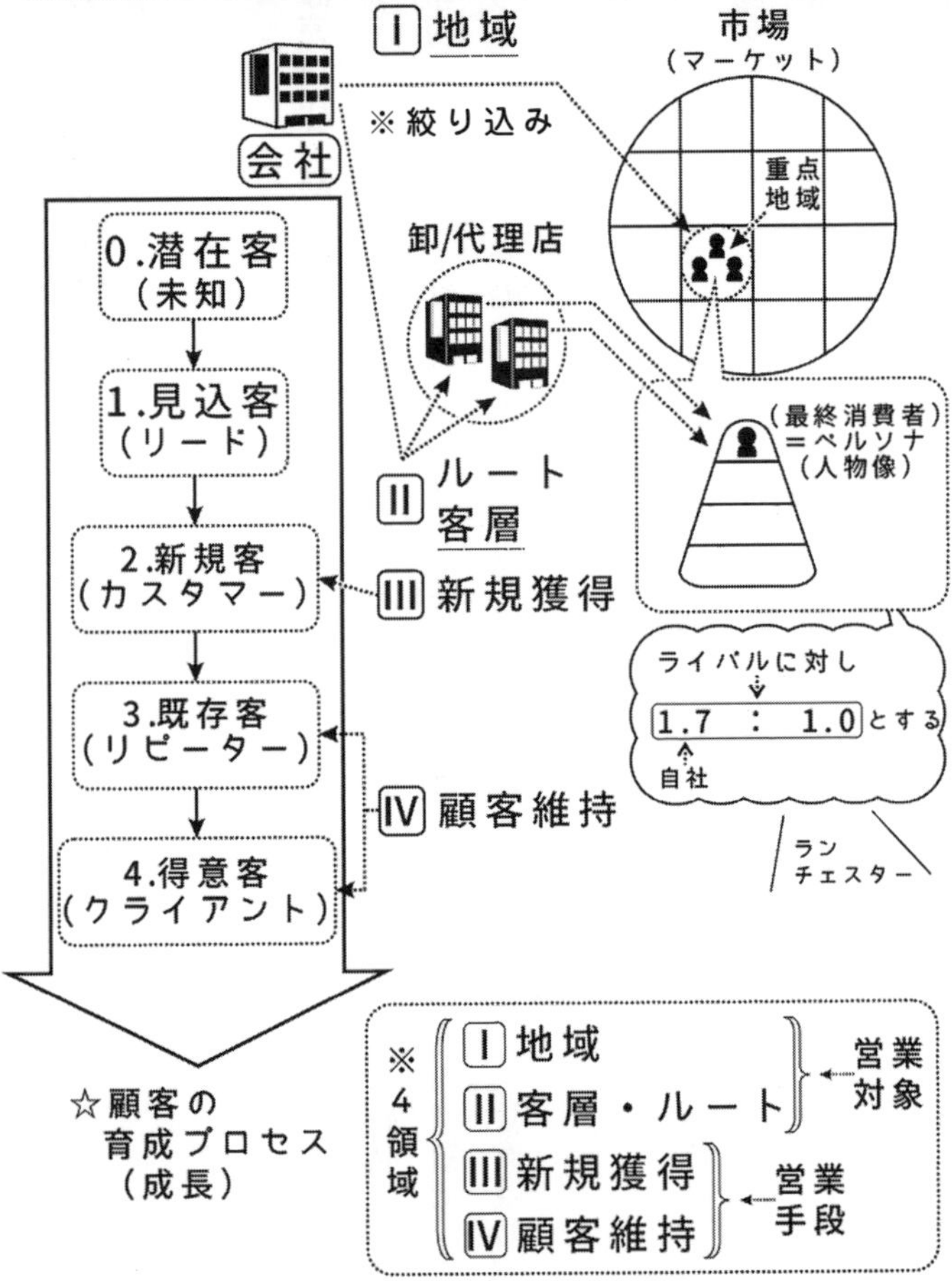
Ⅰ 地域
会社
※絞り込み
市場
（マーケット）
重点
地域
卸/代理店
（最終消費者）
＝ペルソナ
（人物像）
Ⅱ ルート
客層
0.潜在客
（未知）
1.見込客
（リード）
2.新規客
（カスタマー）
Ⅲ 新規獲得
3.既存客
（リピーター）
Ⅳ 顧客維持
4.得意客
（クライアント）
ライバルに対し
1.7 ： 1.0 とする
自社
ラン
チェスター
☆顧客の
育成プロセス
（成長）
※4領域
Ⅰ 地域
Ⅱ 客層・ルート
営業対象
Ⅲ 新規獲得
Ⅳ 顧客維持
営業手段

強調するくらいでちょうど良いのです。

この営業戦略は非常に重要です。「営業戦略の全体図」を見ると、概ね2つに分けられます。

左上に会社のアイコンがあります。この会社を中心に、右側の市場（マーケット）に向けた展開と、左側の下への展開である顧客の育成プロセスの2つの方向性に分けられます。

5 地域

営業地域を絞る

4の図の右への展開から見ていきますと、会社の右に「I地域」とあります。これは地域戦略です。その矢印の先に、丸い図形の市場（マーケット）があり、碁盤の目のように縦横の線で仕切られています。丸いマーケットを縦横に4×4＝16個のチャートに区切り、その真ん中から左下の一区画に「重点地域」とあります。ここに人の絵が描いてありますね。この会社が絞り込んだターゲットしての営業地域を意味します。

つまり、中小企業の営業地域戦略は、マーケット全体を対象とするのではなくて、一部を切り取ってその地域に絞り込んで「営業力」を投入する方法を優先します。なお、ここでいう「営業力」とは、営業担当者、DM、チラシ、看板、ローカル雑誌、区民広場など、使える手段すべてです。ホームページのリスティング広告なども、地域を絞ってキーワード上位を目指せば、地域戦略の1つです。

営業地域を地図とコンパスで可視化

これがリアルな店舗や営業所であれば、地域を半径500メートルや1キロのように、具体的に絞り込みます。その際、住宅地図など詳細な地図を用意して、コンパスで実際に一定の半径を規定する円を描いてみることをお勧めします。

柴山式コンサルティングでは、クライアントの社長に、住宅地図を用意してもらい、例えば、都市部なら半径250メートルとか500メートルで円を描き、その範囲内の見込客数を想定させます。あまり人が密集していない地域なら、車の移動時間を想定して、半径何キロメートルとかを決めて、やはり地図にコンパスで円を描いてもらいます。さらに、その円の中に、マジックで想定見込み客数を必ず書かせます。はずれても構いません。予測することが大事なのです。これは、**「マーケットの可視化」**です。

そして、必要なら参謀であるコンサルタントも、社長と一緒に現地を回りましょう。本気で営業戦略を練るなら、少なくとも社長本人は実際に現場を見て回ることは必須です。

特に、飲食店や地域に根ざした修繕業者・清掃業者・害虫駆除業者などリアル店舗を営業手段としている場合は、参謀も一緒に現場を見る必要があります。

トヨタの三現主義「現物・現場・現実」です。

地域を絞り込む、マーケットを特定することを徹底します。お客様との接点である「現場」を知らない社長に、黒字社長はいない！と肝に銘じましょう。中小企業の社長は、現場主導の発想が絶対に必要です。

重点地域は、社長が考えているより3分の1から4分の1くらいに思い切って絞り込むイメージでちょうどいいでしょう。多くの社長は広めに地域を設定してしまいがちです。思い切って地域を絞らないと、営業力の投下という点で、資本の少ない中小企業は不利です。

図のチャートのマーケット2つのマスを相手にしてしまうと、2倍の面積を対象とするので、強者との戦いに巻き込まれることになります。

限られた経営資源（人材・資金など）を投下するときは、地域の範囲を思い切って絞り、そこにリソースを集中投下することを強く意識しておきましょう。

6　客層とルート

先ほどの図のチャート（4に登場）では、円形のマーケットの少し下にピラミッドのようなかたちをした三角形の絵があって、その頂点に人の絵があり、**「ペルソナ」**と書いてあります。

（注）ペルソナは、いったん決めた後でも定期的に見直し、最新の情報にアップデートするようにしましょう。今は時代の変化が激しいので、1年前のペルソナ像あるいはその「関心のあり方」がもう古くなっており、広告やサービス提供がお客様の要望とズレはじめている危険性があります。理想は少なくとも3ヶ月に一度くらい、理想のお客様イメージの更新をコンサルや営業会議のテーマとしておくことが必要です。

本書において、各所で何度も**「顧客は誰か？」**といったテーマの話を繰り返し取り上げるのは、お客様作りという経営目的を常に達成するためには、常に最も尊重されるべき課題となるからなのです。

ペルソナは、ターゲットとなる主な顧客の人物像です。市場に存在する最終消費者のイメージです。できるだけ詳しくイメージを固めましょう。

例えば、46歳男性、子供が2人いて奥さんは40代前半、のような感じです。そして、彼の趣味はゴルフで、子供とはやや疎遠になっている。・・・。「そこまでやるか!?」というくらい、細かく、細かく具体的に書き出します。望ましいお客様の人物像を徹底的に特定するのです。**客層の可視化です。**

ちなみに、業者間の取引においても、相手の会社の「担当者個人」のペルソナを利用すると有効です。やはり、年齢から始まって、彼または彼女の出身校、性格、仕事に対する価値観、趣味、社内での立場、上司との協力関係、部下との連携の強さ、専門的能力のレベル、話しやすさ、お酒が強いか弱いか、ギャンブルにはまるタイプか、異性関係で揉めるタイプかなど、いくらでも書き出せます。

また、**販売ルートも大事です。**自社が販売するお客様のペルソナにマッチする顧客リストを持っている業者を一生懸命に探します。代理店や卸売業者を使うのは、ランチェスター戦略的には強者の戦略となる側面もありますが、例えば、地元のショッピングセンターや店舗の一角にパンフレットなどを置かせてもらうとか、互いにお客様を紹介しあうとか、工夫のしようはあるはずです。場合によっては、ペルソナが一部マッチするような顧客リストを持っている会社の名簿向けに広告を出すこともありです。

経営参謀は、社長と一緒に、あらゆるルートを検討して、販売協力者となってくれそうな候補者を洗いだしてください。

7　新規獲得と顧客維持

　ここまで検討してきた営業戦略を整理すると、Ⅰ地域とⅡ客層・ルートは、営業対象に関する領域です。

　一方、以下で検討する、Ⅲ新規獲得とⅣ顧客維持は、営業手段に関する領域です。

　どちらにせよ、絞った地域に対してランチェスター戦略的には、ライバル企業に対して1・7倍の営業資源を投入し、相対的に優位な位置関係を必ず維持するのです。例えば、競合より1・7倍の頻度でお客様に会うことにより有利な状態を作り出すためにも地域を絞り込むのです。

　図（**4**に登場）の左上の会社のアイコンに戻ると、長い矢印が下に向かって伸びていますが、これは顧客獲得の4段階のフローです。**「顧客の育成プロセス」**と言い換えられます。

顧客育成プロセス

まず、0段階目ですが、これは**潜在客**で、未知のお客様です。まだ当社のことをほとんど知らない、あるいは興味を持っていない状態です。

この潜在客の状態から、インターネットでホームページにアクセスしてもらう、あるいは、チラシを配るなどにより、**見込客**を呼び込みます。この見込客を「リード」と言います。最初の関門は、とにもかくにも会社に興味を持ってくれた見込客を開拓することなのです。

その後、自社の商品をご購入いただいて、お金を払ってくれるのは2番目の**新規客**です。見込客が新規客に変わる。これを**「コンバージョン」**といいます。

なお、ステップ0の潜在客がステップ1の見込客に変わる、さらにステップ1の見込客がステップ2の新規客（カスタマー）に転換することもコンバージョンです。

何が大変かといえば、新規客（＝お金を払って買ってくれた見込客）を獲得することが一番大変です。

その後、一度買ってくれたお客様に二度、三度と買っていただくのが再販売です。リピートしてもらうことで会社の利益が一気に増えます。そうなれば、新規客から**既存客**に変わるためのコンバージョンができたことになります。そして、リピートが繰り返し行われ、会社に対するロイヤリティや親近感が高まったたら、継続して買っていただける**得意客**（クライアント）になります。

この4つの段階を顧客の育成プロセス、あるいはお客様の成長プロセスと呼びましょう。お客様を、**潜在客→見込客→新規客→既存客→得意客**のように育てていくというプロセスを設計することが大事なのです。

8　新規客獲得の方法

次図を見てください。左の列には、顧客の成長ステップがレベル0潜在客からレベル4得意客まで示されています。

ステップ0潜在客からステップ1見込客、ステップ2新規客、ステップ3既存客、ステップ4得意客へと、それぞれステップを進むことが**コンバージョン（転換）**です。

このコンバージョンがどれくらいの比率で行われているかを推測できることがマーケティングでは重要です。自分の会社について過去の営業データから数字を求めることが可能です。もしも、今までコンバージョン率を算定する機会がなかったなら、これからは定期的に算定・チェックできる仕組みを作ってください。

では、次節以降で顧客の育成プロセスにおける各段階と、コンバージョンの関係について見ていきます。

●顧客の育成プロセスとコンバージョン率●

成長ステップ ＼ 商品の属性	【BtoB】高額/専門 個別品	【BtoB BtoC】汎用品①	【BtoC】汎用品②
0.潜在客(＝マーケット)	ケースバイケース(地域の選定)など	2,000~5,000人	20,000人 (例 チラシ DM ネット)
↓コンバージョン		(2~5%)	(0.05%) $\frac{1}{2000}$ (0.5%)
1.見込客(リード)	100人	100人	100人
↓コンバージョン (無料)(オファー)	(20%)	(5%)	(10%)
2.新規客(カスタマー)	20人	5人	10人
↓コンバージョン	(50%)	(60%)	(50%)
3.既存客(リピーター)	10人	3人	5人
↓コンバージョン	(20%)	(33%)	(20%)
4.得意客(クライアント)	2人	1人	1人

重要

※「見込客」の定義＝個別情報を提供してくれた人
①名刺交換
②情報登録（メール・Telなど）

9　BtoBで高額な専門個別商品を売る場合

商品の属性としては、(1) 高額な専門個別性商品、(2) やや高額な汎用品①、(3) 商品単価の低い汎用品②の3種類があります。

最初に、高額な専門性の高い商品を売る場合を検討します。

その中でもBtoB（B＝ビジネス）（業者間の営業）の高額品・個別品は単価が高めで、1個当たりまたは1ロット（百個単位など一定数量の集まり）当たり十万円～百万円といった高額なケースです。通常の業者間では、この取引が多いと思います。

建設関係や化学薬品、バルブのメーカーやろ過機の設備を売っている会社だと、まとめて案件を受注すると1000万円規模になる場合もあります。

ステップ0の潜在客は、おおむね業者相手なので、地域の絞り込みにもよりますが、十数社～百社が考えられます。

ここで、名刺交換やＤＭ（ダイレクトメール）、ホームページからの問い合わせなども含めて、電話番号やメールアドレスといった個人情報を知らせてくれた見込客が１００人いたと仮定し、そこからコンバージョンを考えてみます。

図では、見込客から新規客へのコンバージョン率が20％と設定しています。実際はケースバイケースなので、企業ごとの実地検証でチェックしましょう。

次に既存客となるステップです。新規客が既存になるのは50％と仮定します。すると、見込客１００人中10人が既存客になって、複数回買ってくれると仮定します。

既存客の中から、１年以上継続して商品を買ってくれて、自社に対しとても高いロイヤリティを感じてくださる得意客が一定割合現れます。仮に既存客の２割と考えてみましょう。

以上により、見込客（リード）１００人に対して新規客（カスタマー）が20人、既存客（リピーター）は10人、そして得意客（カスタマー）まで育つのは２人と、このような顧客育成プロセスをモデル化しておくことが、マーケティング戦略を決める上で非常に効果的です。

あとは、実際に会社の過去のデータを検証して、モデルを修正します。

その後、各ステップのコンバージョン率を上げるのか、あるいは見込客（リード）を増やすのかを考えるのです。この理論からすると、当初の見込客100人を200人、300人と増やしていけば、必ず売上は増えます。

どちらを高く設定するかなのです。見込客数を増やすのか、それぞれのコンバージョン率を上げるのかで、営業戦略が変わります。

これが、自社を研究するということです。あとは、他社のイメージをつかむことも大事です。

ライバル企業に勤めている人の話を聞いてみるとか、自分がライバル企業に勤めていた経験があれば、それを基に考えてみるのです。

10 やや高額の汎用品①を売る場合

次に、図の真ん中の列（汎用品①）は、右の汎用品②よりはやや耐久性があり、単価のやや高い商品です。B to Cの「C」はカスタマー＝最終消費者です。つまり、最終需要向けの汎用品です。

汎用品①について、潜在客を2000〜5000人と仮定します。このうち2〜5％が見込客になります。ここでは100人の見込客をスタートと設定しています。

潜在客2000〜5000人へのアプローチから個人情報を得たり、ホームページ上でメール登録をしてもらうことで、2〜5％が見込客に育ちます。かなり質の高いオファー、つまり無料のサンプル提供などがあれば5％も可能かもしれませんが、現実は2〜3％あれば上等です。100人の見込客を獲得するためのコストは、常に把握しておきます。

潜在客の5％、100人が見込客になるとしましょう。その5％、5人が新規客、さらにその60％、3人が既存客。最後に3人のうち33％の1人が得意客になるというように仮定しています。

以上、おおむね2000～5000人の潜在客に働きかけて、得意客が1人いたらいいだろうと考えるかどうかです。これが1つの目安となります。

11　最も商品単価が低い汎用品②を売る場合

図の右端の列の汎用品②です。基本的にB to Cオンリーで、耐久性がなく商品価値が低い商品です。

このカテゴリーに入る商品は、雑貨品とか日用品などです。ここは、日常的な購買の頻度が最も高い汎用品のマーケットです。このマーケットに仮に潜在客が2万人いると想定してみます。この種のマーケットに働きかける場合は、チラシやDM、ネットの広告など、多くの手段でアプローチします。

2万人にアプローチして、0・05%つまり2000分の1が新規客になると考えてみましょう。商品にもよりますが、良くて1000人に1人、実際には2000人に1人、場合によっては1万人に1～5人の新規客、そのレベルの反応であっても決して特殊ではありません。

チラシやDMでモノを売るとき、いきなり新規客を獲得することを考える社長が多いかもしれません。しかし、まずは、100〜1000人の見込客の獲得を目標にするということも有効です。いったん個人情報を登録してくれた見込客に対しては、その後、繰り返しアプローチできるからです。

さて、自社の見込客へのコンバージョン率を継続的に計測することが必要です。図で言えば、100人の見込客に対して10人が新規客になる、というようなデータを取ります。2万人の潜在客に対して、仮に新規客が10人、既存客が5人、得意客が1人というコンバージョン率を、自社でシミュレーションし計測してみるといいでしょう。

応用として、商品単価は高いのですが、住宅販売のような不動産取引でもこの発想は使えます。

12 顧客維持の方法

新規客の売上と既存客のリピートによる売上の比較について説明します。利益やコストにも関わるテーマなので、税理士がコンサルティングすると、更に信ぴょう性が増します。

次図をご覧ください。**「新規とリピートの獲得効率」**というテーマです。「1：5の法則」と「5：25の法則」が出ています。

1：5の法則

新規受注の獲得コストは、リピート受注の5倍かかるという経験則です。

顧客の獲得コストは販売促進費用とか広告宣伝費などが代表例ですが、これらはリピートの5倍かかるといわれています。言い換えると、短期間で効率よく売上アップをするには、まず既存の顧客リストに営業をかけなさいということです。

【重要】新規とリピートの獲得効率

1　1：5の法則

⇨ 新規受注の獲得コストは
リピート受注の5倍かかる！

指導ポイント

短期間で売上アップをするには
まず既存の顧客リストに営業をかけよ！

2　5：25の法則

⇨ 顧客の流出を5％減少させたら
利益が25％増加する！

指導ポイント

利益の改善はまず「今のお客様を
大切にすることから」であることを
社長をはじめ全社員にしっかりと
認識させ、行動、習慣につなげる！

経営改善をするときは、まず既存客への働きかけから始めましょう！

新しい市場や新規の獲得に先に目がいきがちですが、まずは既存客との信頼関係をしっかり深め、さらなる購買をうながします。こちらのほうが、売上が上がりやすいのです。

5：25の法則

次に「5：25の法則」について検討します。こちらは利益との関係です。顧客の流出が5％減少したら、利益は25％増加するという経験則です。

簡単な計算例でみていきましょう。

売上8000万円の会社があるとします。新規のお客様のうち、毎年半分近くが流出し、その分新規開拓をしなければならないとしましょう。このとき、粗利率が30％（2400万円）とします。そして、営業経費がすべて固定費で1920万円とすると、営業利益は2400万円－1920万円＝480万円、売上高の6％です。営業利益率5％以上は、1つの目標となります。

もしも売上の5％すなわち400万円の顧客流出が防止できたら、それだけ売上が増えることになり、それにともない増加する粗利は売上400万円×30％＝120万円です。営業利益480万円の25％に相当しますね。この場合の利益は、あまり厳密に考えず、営業利益の25％ほどが改善されるといったイメージでいいと思います。
顧客の流出を5％減らす方法としては、次のようなものが考えられます。

・お客様への対応
・電話の接客
・レスポンスの早さ
・商品引き渡し時のスムーズな手続き
・入金のお礼状
・販売後の定期的な連絡
・アフターフォロー

こういった業務のレベルを1つずつ丁寧に向上させることによって、顧客の流出が減ります。この姿勢は、一言で**「今のお客様を大切にすること」**です。社長をはじめ、全社員がこのことをしっかりと認識し、行動、習慣に繋げることが大切です。

このことを、参謀が社長に伝えるときには、本気で社長を大事に考える、顧問会社の業績アップを考える強い意思と熱意が必要です。目の前にいる社長の性格・能力・器を信用していないのに、社長には「お客を大切に！」などと話をしても伝わるはずがありません。

「今のお客様を大切にする」、これを、社長との面談の最初、真ん中、そして最後と3回入れるぞ！と決めて、私は毎回面談に臨みます。

コンサルティングの役割の1つは刷り込みです。社長の脳に「5：25の法則」を刷り込むのです。

接客の方法について研修をするとか、うまくいっている社員の営業方法を教えてもらって皆で共有し、ルール化するなどの対策をとってもいいでしょう。これは即効性のある売上アップ法なので、ぜひ使えるときが来たら実践してください。

13 組織戦略の位置付けと組織階層

組織戦略は、ランチェスター戦略の中では3番目の優先順位となります。

特に、従業員が30名以下の規模が小さい場合には、とにかく販売と商品の問題が優先されます。

経営の8割はマーケティング＝販売と営業です。
組織・資金といったマネジメントは2割です。

組織的な問題は「社員のモチベーション」と「最低必要な給与」の2つに注意しておけばいいでしょう。あとは、業界平均を意識して、類似の規模の同業他社より明らかに低くならないように気を付ければOKです。

社員が30名を超えてくると、社長も組織の隅々にまで目が届かないので、組織・資金などのマネジメントの重要性が高まります。

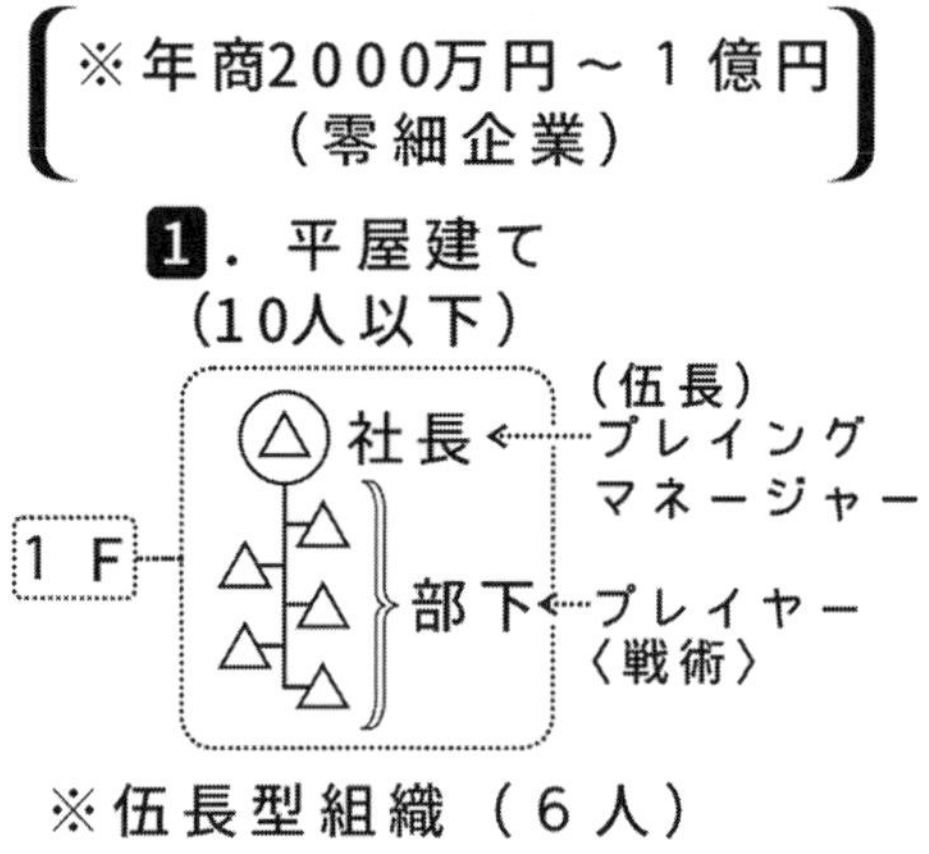

社員が100人を超えるなど大規模化してきたら、マーケティングはかなり現場と中間管理職で回せるようになるので、社長のマネジメントの比率は半分以上に高まってきます。

組織戦略が有料のコンサル対象となるのは、3階建て組織（30名前後）以上です。

平屋建て組織の特徴

平屋建て組織は、1階のフロアに社長も社員も全員いるイメージです。

図を見ると、年商（年間の売上高）2000万円から1億円くらいで、まさに零細企業です。社員が10人くらいまでの規模です。売上2億円、社員5人くらいのケースも多くみられます。このように10人くらいまでの組織ならば、社員1人1人の顔がよく見えるので、社長は部下と1対1の個別対応が可能です。

この規模で中間管理職は置けません。中間管理職は、世間でいう課長クラスの役職です。それぞれ部下が10人ほどいて、自身では実務を一切行わずに、現場担当者である部下の日常業務をマネジメントすることが主な仕事です。ランチェスター戦略の竹田陽一先生は、この役割を**戦術リーダー**と呼んでいます。

なお、自身も現場の実務を行う担当者でありながら、５人以下の少人数に対してマネジメント的な役割を同時に果たす役職が存在する場合もあります。班長とか主任のような役職名がつきます。あるいは係長のポストがこれに近いかもしれません。竹田先生によると、この役職は**伍長**と言います。この仕組みは時として非常に有効です。10人以下の組織であっても、しばしばトップである社長には遠慮があります。同じ現場の立場でまとめ役の人に間に入ってもらい、細かいところは伍長タイプに相談するほうが気が楽です。10人の組織だと伍長が２人くらいいて、それぞれ５人くらい部下がいる、あとは社長という形になるでしょう。これも平屋建て組織であり、社長とプレイヤーだけで１フロアを形成しています。

もちろん、社長が自ら実務を行うケースもあるので、その場合は社長自身が伍長みたいな形もありです。

※年商1～5億円
（典型的な中小企業）

2．2階建て
（10～30人）

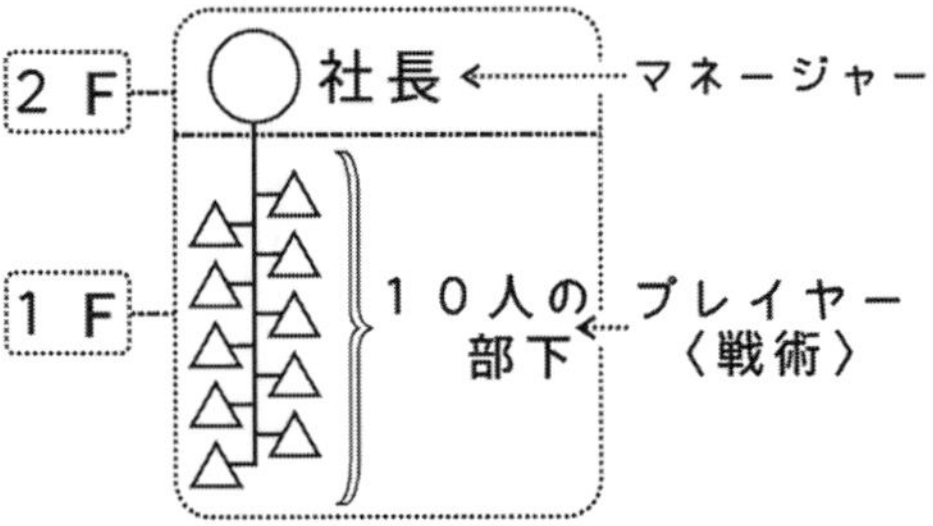

※伍長型組織（6人）×5組＝（30人）までOK！

2階建て組織の特徴

2階建て組織は、従業員数が10人から30人のケースが一般的です。

現場の仕事をせず、もっぱら部下の日常業務を管理する役割の人を戦術リーダーといいます。中堅企業や大企業でしたら、課長とかマネージャーと呼ばれている立場の人がこの地位です。

社長が戦術リーダーとなっているタイプの組織が2階建てです。

ここで、5人の部下と班長1人で計6人の班（チーム）が5つあったとします。戦術リーダーである社長は、班長5人くらいなら、彼らを通じて社員をまとめることができます。この場合、伍長型組織6人×5組＝30人の会社組織ができあがります。

２階建て組織では、社長は原則として現場の作業をしません。戦術リーダーとして、管理職の役割をします。社長がトップとマネージャーの立場を兼務します。

14 会計の視点で見た企業の3目的

ランチェスター戦略において、資金・会計に関する資金戦略の領域は、経営全体の7％といわれています。そうはいっても資金がショートしてしまうと、会社はすぐ経営破綻してしまいます。破綻しないために損益計算書や貸借対照表など、各種の会計資料を活用して、資金不足とならないよう、日頃の舵取りを行うわけです。

ここで、会計の視点で見た企業の存在目的、企業の存在意義について見ていきましょう。

次図は、『財務を制する者は企業を制する』（井原隆一著　ＰＨＰ文庫）を参考にして作りました。すべての経営者・会計人が心しておきたい企業経営の根本セオリーです。

三角形の中心に「企業」が描かれています。企業を囲むようにしての3つの存在目的が示されています。具体的には、**「公共」「営利」「健全」**の3つです。公共、営利、健全が

会計の視点で見た「企業の3目的」

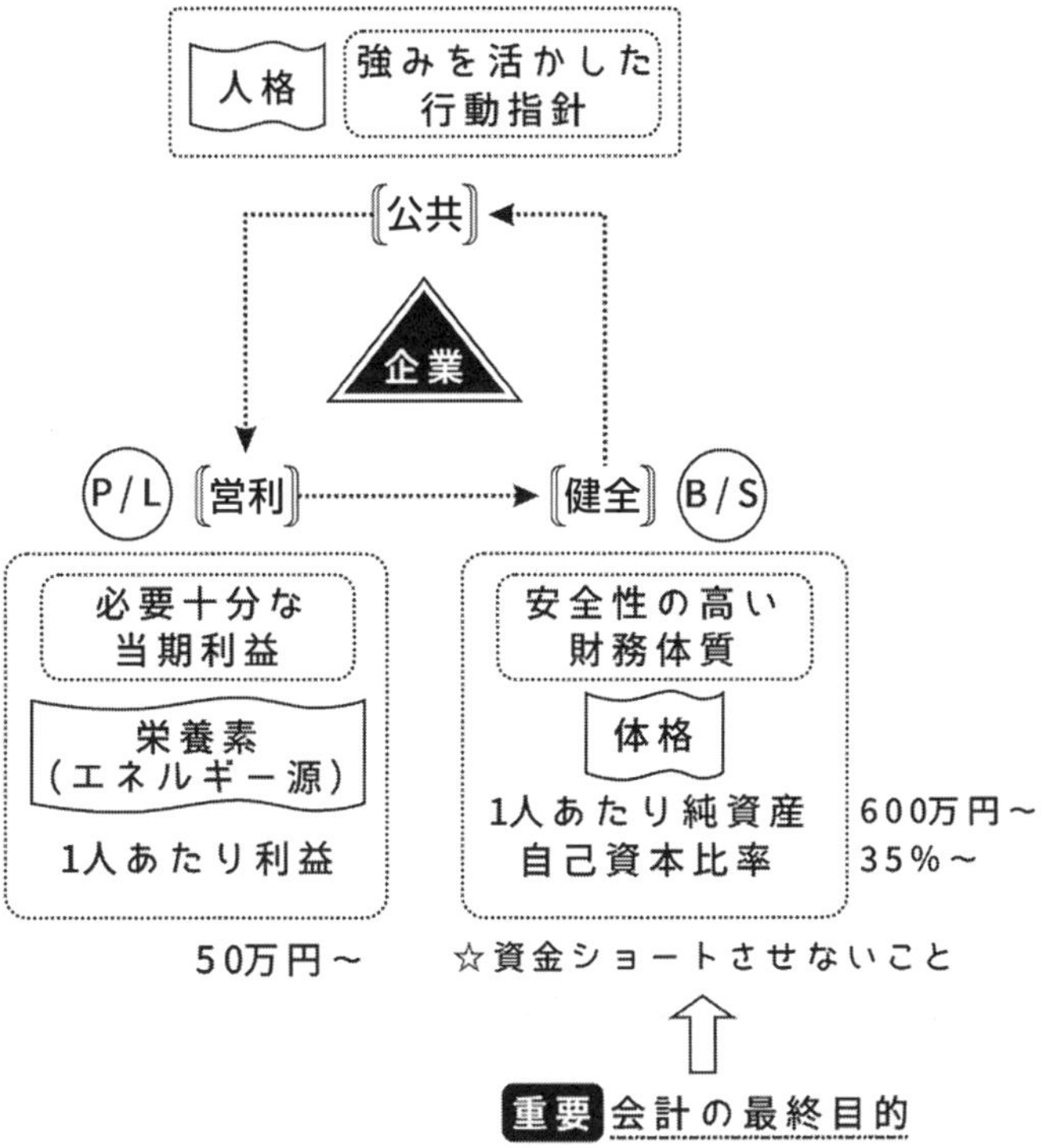

企業存続を根拠づける3本柱とイメージしておきましょう。

「公共」

一番上の「公共」とは、会社の強みを活かして、本業をもって社会に貢献する意識です。企業の人格面を支えます。世のため人のためという、まさに「三方よし」の精神を会社という器で体現することになります。

昔の経営者が書いた本や講話は、国家や経済社会に与える企業の役割を強く意識していることがうかがえます。一般的に、今の経営者のほうが、国や社会発展への貢献という意識は薄いと言わざるを得ませんが、これは、時代背景が違うので仕方がないと思います。

戦前や終戦直後はモノがなく貧しかった、あるいは敗戦の混乱で社会が荒れていたなどの状況がありますから、そのような時代に経営するのと、現在のように安全でモノが溢れている時代の経営とでは、根底の条件が違います。ここは、社長個人ではどうしようもありません。

したがって、これから会社を起業される人は、日本国家への貢献がどうとかまで考えなくていいでしょう。ただ最低限、自分の商品や得意分野で、世の中の役に立とうということは考えておきたいですね。

そうはいっても、活動目的が世の中の貢献だけになってしまうと、いわゆる民間じゃなくて公営事業になってしまいます。民間企業である以上、必要になるのが次の２つの要素です。「営利」と「健全」です。

「営利」

営利とは何かというと、事業活動に必要な利益を得ることです。利益がどれくらい得られたかは、損益計算書（Ｐ／Ｌ）という財務諸表でチェックできます。利益は、経営活動のエネルギー源です。公共という社会目的を達成するためには、必要なエネルギー源として十分な利益を得ることが必要である、と主張するのが「営利」の部分です。

利益には、「売上総利益（粗利）」、「営業利益」および「当期純利益」があります。

商品から得られる粗利、本業で稼いだ営業利益、そして最終的に残った配当の財源ともなる純利益、この３つは、前期の数字も含め空で言えるくらい、しっかりと自社の決算を読み込んでおくことが大事です。

利益は、事業活動の栄養素（エネルギー源）です。

営利面における総合的な自社のレベルを判断する場合、「従業員１人当たり純利益」で前期比較・企業間比較をするとよいでしょう。

1人当たり当期純利益＝当期純利益÷社員数

この場合の「社員数」は、計算調整をしたものです。常勤の社員は1人としますが、非常勤やアルバイトは0・5人として計算します。

社員1人当たり利益50万円または業界平均の1・3倍が、おおむね全産業の平均的な目標値だと思います。1人当たり50万円の利益なら、業種の特殊性を度外視すれば、ある程度儲かっていると考えてよいでしょう。1人当たり利益で50万円以上を稼げれば、相続税対策を考えてもいいという、おおまかなイメージです。

「健全」

公共、営利に続き、3つめの目的である「健全」ですが、これは貸借対照表（バランスシート。B／S）で判断します。安全性の高い財務体質、つまり借金が多すぎないことが理想です。言い換えれば、借金過多になるな、ということです。

借金をするなら、自分の体力を見極める必要があります。ここは会計事務所の腕の見せ所ですね。

会計の目的は、会社の即死＝倒産につながる資金ショートをさせず、企業活動を継続させることとです。これが**財務健全性を維持すること**の根底にあります。なお、財務安全性の目安は１人当たり純資産６００万円（または業界平均×１・３倍）を目標としましょう。また、経験的にいえば、自己資本比率は業界平均の１・３倍か35％の低い方が最低目標となります。ちなみに、おおむね30％前半が全産業の標準値です。これも覚えておいてください。

以上をまとめると、営利、健全の指標として次の３つを意識していただくと良いと思います。

営利性　①１人当たり純利益　50万円
健全性　②１人当たり純資産　６００万円
　　　　③自己資本比率　35％

以上の３指標は、業界平均の１・３倍でも代替可能です

「公共」「営利」「健全」が、会計の視点から見た企業の３目的でした。

第6章

6

経営計画

1 経営計画

経営計画とは、ある事業において、本業としている営業目的、商品などについて、長期のゴールと短期の目標を明確にし、その達成のための行動指針を示す文書のことです。**ゴール、目標、行動指針**という3つがポイントです。長期的なゴールは目的と言い換えてもいいでしょう。

長期のゴールに至る途中にはいくつかの節目となる目印（道しるべ）が必要となりますが、これらを目標といいます。

したがって、経営計画にはゴールと目標の両方が意識されていなければいけません。明確なゴール、長期的な到達地点をきちんと描いているかどうか、ビジョンをもっているかどうかが大事になります。そして、そのゴールに至る途中で年度単位の目標があるわけです。

経営計画の定義

「経営計画」とは、**ある事業**について
①長期の**ゴール**と短期の**目標**を明確にし、
②達成のための**行動指針**を示すことで、
→ 内容／構成

③社長および社員の**動機付け**を行い、
④**お客作り、No.１作り**を実現するために、
→ 目的／効果

⑤実績に基づき**点検改善する資料**となる
⑥**一連の文書**のことである。
→ 媒体／道具

経営計画の目的は、動機付けとお客様作りとNo.１会社作り

ゴールと目標をはっきりさせることが、社長の最も大事な役割です。これを決めないと、行き当たりばったりの経営になってしまいます。

長期ゴールは３〜５年以上が通常で、短期の目標は１年前後です。そして、短期の目標を達成するための指針が行動指針です。行動指針とは、行動の基準であり方向性です。

ゴール・目標・行動指針、この３つが含まれていないと経営計画とは言えません。しっかりとした経営計画を立てる目的あるいはその効果として、次２つが重要です。

１つは社長および社員の動機付けになることです。経営計画を作ることにより、どう行動すればよいかが明らかになるので、仕事に取り組むモチ

ベーションが大いにアップします。

もう1つは、お客様作りとNo.1会社作りです。経営計画書は狙った市場で、お客様にとってNo.1になるための手順書といえるものです。何の準備もなしに行動を始めるよりは、No.1会社になる確率が大幅にアップします。

経営計画があると、行動の方向性がはっきりします。人は行くべき目標地点がはっきりすると、やる気が起こります。

社長は経営計画作成に汗をかけ

このように経営計画は重要性が高く、作成過程で社長は脳に汗をかかなければいけません。行動指針も社長が決めるべきです。行動指針に沿って社員は現場で活動します。社員がもらっている給料は、経営者から指示されたことをしっかりこなすことに対する報酬です。売上が1億円とか2億円増えたからといって、それに比例して社員の給料も400万円からいきなり800万円に増えるかといったら、増えません。

売上が2倍になって報酬が2倍になる可能性があるのは社長だけです。報酬が売上に比して完全変動制で決まるのは社長だけです。そうであるなら、売上に対する責任を負うのは社長のはずです。

ですから、会社の経営責任に関わる重要な経営計画の決定を社員にやらせずに、自己の責任において骨子を作り、最終決定をすることこそが社長の役割を果たすことなのです。

大事なのは、**業績低下の責任を社員に負わせるな**ということです。業績が下がるのは、100パーセント社長の責任です。その覚悟がなければ地に足の着いた経営などできません。もし社員にゼロから経営計画を立てさせたらどうなるか、「計画通りにいかないときは責められる」という意識が働くため、目標は低くし思い切った挑戦ができません。

こうしてみると、計画作成は**「社長のあり方」**を問う作業でもあることがわかります。経営計画はみんなが幸せになる設計図なのですから、魂を込めて作りましょう。

その際大事なことは、お客様作りと革新（イノベーション）を意識することです。ドラッカー流の言葉で言えば**「顧客の創造」**と**「イノベーション」**です。

お客様ができれば売上は上がりますから、まずはお客様を作らなければいけません。お客様を作るためには、狙ったマーケットで1番を目指す必要があります。そして、1番に留まり続けるにはイノベーションが欠かせません。

2番ではダメです。万年2位では、売上は下がっていきます。営業地域を絞って、その地域で1番にならなければいけません。中小企業の経営は**「1番作り」**しかないのです。そのための経営計画ですから、覚悟が必要なのです。

業績アップにつながっている経営計画は魂がこもっているものです。しっかりとした経営計画を立てたら、売上が劇的に上がります。経営計画とは何か、この機会にしっかりと理解しておきたいですね。

2 利益計画の作成

ここでは、利益計画書の作成を、実務的な観点から具体的に見ていきます。

利益計画の図をご覧ください。

まずは簡単なケースとして、卸売業や小売業といった商業形態のビジネスを想定して考えてみましょう。

粗利益率、労働分配率、社員数を決める

最初に、２つの数字を準備しておきます。
準備１　粗利益率と労働分配率を決める。
準備２　目標社員数を決める。
労働分配率とは人件費と粗利の比率です。粗利益のうち、どれぐらいが人件費になっているのかということです。

利益計画のフォーマット

年間利益計画（商業） 期間:　　　　　　年　月　日

	項目		目標（千円）		備考
①	売上高			% 100.0	
②	売上原価	仕入高			
③		在庫増減			
④		計			
⑤	売上総利益 （粗利益）				
⑥	販売費・管理費	人件費			
⑦		経費			
⑧		減価償却費			
⑨		計			
⑩	営業利益				
⑪	営業外収益				
⑫	営業外費用				
⑬	経常利益				

～利益計画を作る手順～

準備１　粗利益率と労働分配率を決める。
準備２　目標社員数を決める。

↓

１．１人当たり経常利益を決める。
２．１人当たり人件費を決める。
３．経常利益を計算する。
４．営業外収益と営業外費用を決める。
５．目標人件費を計算する。
６．目標粗利益（加工高）を計算する。
７．減価償却費を決める。
８．目標経費を計算する（差引き）。
９．目標売上高を計算する。
１０．目標仕入高と在庫増減を計算する。

↓

次のステップとして、月次展開をする。

目安は、50％前後を想定しておくといいでしょう。可能ならば、その会社が属する業界の標準的な労働分配率が分かると望ましいです。参考までに、一般的には40～60％の範囲に労働分配率が収まることが多いようです。なお、人件費には給料、通勤手当などの諸手当や福利厚生費も含めます。

次に、過去の実績や業界の平均値などから粗利益率が分かれば、粗利益から売上を逆算できます。

以上の通り、第一の準備として労働分配率と粗利益率を設定できたら、次に経営を維持するために必要な社員の人数を決めます。ここまでが、利益計画を作成する前にやっておきたい準備です。ここで、理論的な社員数を決めるにあたり、正社員とそれ以外（非常勤、パートなど）の人数を決定し、非常勤・パートは正社員０・５人で換算して、当年度の予定人員数を決めましょう。

利益計画作成手順

粗利益率と労働分配率を出して、目標社員数を決めたら、次の（一）～（十）の手順で利益計画を作成していきます。このステップをしっかりイメージしてください。

次に、以下の手順で各数値を決めていきます。

（一）1人当たりの経常利益を決める。

これはだいたい50万円以上、できれば100万円が目標です。

業界平均もありますが、一応ざっくり最低50万円以上です。

（二）1人当たりの人件費を決める。

日本における年間の人件費の目安としては、現状で400～600万円の範囲内が一般的と思われます。あとは、業界平均や社長自身の感覚も加味して目標額を決めるとよいでしょう。

（三）経常利益を計算する。

1人当たり経常利益に目標人数を掛けることで求められます。

（四）営業外収益と営業外費用を決める。

（五）目標人件費を計算する。

1人当たり人件費に目標人数を掛けて求めます。

（六）目標粗利益（製造業の場合は加工高）を計算する。

目標粗利益（目標加工高）＝人件費÷労働分配率

※加工高＝売上高－材料費－外注費

（七）減価償却費を決める。（前期の実績や設備計画などを参考にする）

（八）目標経費を計算する。

これは差し引きで求めます。

（九）目標売上高を計算する。

目標粗利益÷粗利益率（製造業：目標加工高÷売上高加工高比率）

（十）目標仕入高（製造業は材料費＋外注費）と在庫増減を計算する。

売上高と粗利益の差額で目標仕入高（在庫増減含む）は求められます。製造業の場合は、売上高と加工高の差額で材料費と外注費（在庫増減含む）が求められます。

月次展開をする

（十）まで終わったら、次のステップとして月次展開します。目標とする売上や利益が出たら、それを12で割ったら月次になります。月次にするとき、季節的な変動は考えなくてもいいでしょう。大事なのは累計です。

なお、（計算例1）および（計算例2）として、利益計画表の計算過程を示しましたので、一度電卓を使って、経常利益から売上高までの「下から上への逆算プロセス」を実感してみてください。

（計算例１）目標利益の計算

準備１　粗利益率と労働分配率	➡ 粗利益率　：40％
	➡ 労働分配率：50％
準備２　目標社員数	➡ 目標社員数：10人
↓	
１．１人当たり経常利益	➡ 経常利益：700千円／人
２．１人当たり人件費	➡ 人件費　：4,600千円／人
３．目標経常利益	➡ 700千円×10人＝**7,000千円**

前提として、減価償却費・営業外収益・営業外費用は、事前に年間の発生予想額があらかじめ決められているものとしています。また、「仕入高」と「経費」は差し引きで求められています。

（計算例２の算定に関する補足）

（一）１人当たり経常利益…７００千円（社長の希望額）

（二）１人当たり人件費…４６００千円（前提条件として仮定）

（三）経常利益の額…７００千円×10人＝７０００千円

（四）営業外収益・営業外費用…前期の実績や当期の予算をもとに設定

（五）目標人件費の額…４６００千円×10人＝４６０００千円

（計算例2）目標売上高までの設定

当期の目標損益計算書

項目		金額（千円）	%
売上高		230,000	100.0
売上原価	仕入高	138,000	60.0
	在庫増減	0	0.0
	計	138,000	60.0
売上総利益（粗利益）		92,000	40.0
販売費・管理費	人件費	46,000	20.0
	経費	36,500	15.9
	減価償却費	2,000	0.9
	計	84,500	36.7
営業利益		7,500	3.3

営業外収益	1,000	0.4
営業外費用	1,500	0.7
経常利益	7,000	3.0
※従業員数	10人	

※補足
- 営業外収益・営業外費用の予算は事前に設定
- 減価償却費も事前に設定してあると仮定
- 人件費÷0.5（労働分配率）＝売上総利益
- 経費＝売上総利益－人件費－営業利益
- 売上総利益÷0.4（粗利益率）＝売上高

（六）目標粗利益の額…46000千円÷0・5（50％）＝92000千円

（七）減価償却費の額…2000千円（前期の実績や当期の予算から引用）

（八）目標経費の額…92000－46000－2000－7500＝36500千円

（九）目標売上高の額…92000千円÷0・4（40％）＝230000千円

（十）目標売上原価の額…230000－92000＝138000千円

3　各種計画の作成

ここでは、利益計画も含めて、計画書の種類を８つ挙げています。

一番大事なのは利益計画です。望ましいのは経常利益です。

売上から売上原価を引いて粗利益を出して、そこから営業費用を引いて営業利益を出し、そこに財務活動で発生した利息などの収支を足し引きして経常利益を出します。営業利益があっても、借入金が多くて支払利息が大きい場合は経常利益が下がります。なので、借入が多い会社は経常利益が営業利益よりも下がることもあります。

特に１９９０年代までのバブルが崩壊する前は金利が高かったので、１億円の借入があったとしたら、例えば５％で５００万円の利息になります。今は低金利になりましたが、借入が多ければ利息の負担が大きいので注意が必要です。

そして、そこから固定費、次に貢献利益です。貢献利益は売上高に比例する利益で、売

各種計画の作成

- **利益計画**の作成…目標経常利益→固定費→貢献利益→売上高
- **月次予算**…利益計画の各種項目÷12ヶ月
- **商品計画**の作成…商品群別の売上・粗利益計画
- **営業方針**の作成…重点（地域・客層・1位作り等）の決定
- **顧客計画**の作成…顧客別の売上・粗利益計画

- **革新計画**の確認…各種計画に関連したイノベーション要素

- **組織計画**の作成…要員・採用や教育など
- **資金計画**の作成…経費配分・資金配分・資金運用など

上から仕入原価や商品の発送費用などの変動費を引いたものです。売上高に比例する数値なので、貢献利益が分かれば貢献利益率で割ることにより、売上高を逆算することができます。

次に、2番目は月次予算、12ヶ月で割ります。

利益計画の各種項目、例えば売上高、それから売上総利益、あるいは販売費・管理費であれば給料、役員報酬、法定福利費、旅費交通費などの費用があって、それぞれの年度の計画を12で割ると月次予算になります。

利益計画を月次予算までブレイクダウンしたら、3番目の商品計画です。

これも大事です。一品一品ではありません。主な商品のカテゴリーです。

筆者が経営する柴山会計グループなら、会計教材、コンサルティング、会計事務所というようにカテゴリーに分けられます。会計教材の中は、財務分析の教材や法人税の教材や簿記検定の教材など、単品のアイテムがあります。ここでは、アイテムよりも広い商品グループごとの粗利の計画を立てます。

それから、4番目の営業方針を決定します。

これは営業計画といってもいいでしょう。場合によっては商品計画か5番目の顧客計画のどちらかだけ作成するというケースもあります。その場合は、営業方針をどちらかに引き入れて、補足的に書きます。

次に、商品計画をメインで作るのか、**5番目の顧客計画**を作るのかは、会社によって違います。両方作ってもいいですし、どちらか1つでもいいでしょう。ただし、大量見込み生産の場合は商品計画で、個別受注生産の場合は顧客計画が多いようです。

次に、6番目の革新計画です。

これは他のすべての計画に関係しますが、各種計画に関連したイノベーションです。新しいコンセプト、新しい商品、新しい市場の開拓です。新しいことをやりましょう。

ちょっとした微調整ではなく、劇的な変革です。分かりやすいのは新商品と顧客開拓です。また、仕事の仕方のイノベーション、流通もOKだし、他でもOKです。

そして7番目は組織計画の作成です。

要員（各部門に配置する人数）を何人にするかの計画や、採用・教育に関する計画です。特に一番大事なのは要員です。

最後に、資金計画です。

経費の配分、資金の配分、資金運用ということが考えられます。

4 手軽に3ヶ月の実施計画を作る

これはスモールビジネスについて主に当てはまる、実践的計画書です。小企業、あるいは個人事業で、計画初心者が、初めの一歩としてやってみてもらいたい手軽なやり方です。

とは言いながらも、やろうと思ったら意外と大変で、それなりの気合が必要です。いくつかの計画ポイントがありますが、これはコンサルタントが自らの超短期実行計画として活用してもいいですし、この内容をクライアントに教えて、その実行をサポートするのも非常に有効です。

かなり実践的なノウハウですので、参謀ご自身が一度試してみてください。

（1）利益計画・売上計画などは保留にし、まとまった時間を確保する。

考える時間を作ります。できればトータルで8~10時間ぐらいは作ってほしいです。

8時間ならば1日でできるかもしれませんが、一晩寝て知識を頭の中で整理する方法も有効です。寝ると脳内が情報整理されます。

（2）商品・営業地域・営業方法・顧客対応などの問題点を30個以上出す。

これはどちらかというとマーケティングの思考です。経営の問題は、マーケティングが8割です。マネジメントは2割です。

問題点30個のうち、8割の24個がマーケティング、6個がマネジメントぐらいの比率で出してみてください。30個とは言わず、たくさん出してください。

（3）問題点を要因別に区分し、重要な順に並べる。

次に30個出した問題点について、要因別に整理します。これとこれは同じだとか、前後関係のようなものが含まれていますので、だいたい20個ぐらいまでは削れます。そして重要な順に並べて、目標一覧表を作ります。

（4）目標一覧表から3ヶ月で取り組むべき優先課題3つを選ぶ。

ここで、優先課題を必ず実行するために、優先順位の低い課題をバシバシ切り捨てる思考訓練をすることになります。27個は捨てることになります。その捨てる課程で深く考えることが、とても有効なブレーンストーミングになります。

時間には限りがあるので、一度にすべてを行うのは無理です。「選ぶ行為は捨てる行為」と裏腹の関係にあるのです。

（5）優先課題3つにつき、各10個以上の対策を書き出す。

残った3つの優先課題に対して、今度はそれぞれ10個以上対策のアイデアを出します。このようにして、30個の対策が手に入ります。この対策をしらみつぶしに実行していくことになります。

（6）その日から、さっそく対策を実行する。

対策は、箇条書きにし、手帳に書きましょう。その対策を順に、その日から実行します。そして、週ごとに実施内容の点検をして、進捗管理します。出来たものは消し込みます。

3ヶ月ごとに、すべての対策が実行できたかどうかを評価して、出来ていないものは繰

手軽に３ヶ月の実施計画を作る

1. 利益計画・売上計画などは保留にし、2日間を確保する。
2. 商品・営業地域・営業方法・顧客対応の問題点を30個以上出す。
3. 問題点を要因別に区分し、重要な順に並べる。目標一覧表。
4. 目標一覧表より、3ヶ月で取り組むべき優先項目３つを選ぶ。
5. 上記の優先項目３つにつき、各10個以上の対策を書き出す。
6. その日から、さっそく対策を実行する。

り越します。そして、次の３ヶ月に向けて、新しく（１）〜（６）を新たに実施します。

これをやれば、１年間で12の経営上の課題を解決することになります。12の重要な経営課題を潰していけば、あなたの会社が儲かる体質になる可能性がグーンと高まります。

手軽に３ヶ月単位の四半期計画で、実施計画（コンビニ実施計画）を作成してください。

まず、この手近な３ヶ月実施計画の作成と実行ができなければ、さらに大掛かりな手続きを必要とする「本来の経営計画」の作成はとてもできません。

経営計画に従って利益計画を達成するたびに、こういった実施計画を立ててもいいでしょう。

以上、いろいろな角度から経営計画について解説しましたが、ぜひ、１つでも２つでも、ここで学んだことを自身で、あるいはクライアントを通じて実践してください。

5　コーチ型コンサルティングの実践と9ステップ

これまで、様々な視点から社長のやるべきこと、経営参謀として注意すべきこと説明してきました。たくさんの知識に圧倒されたかもしれません。しかし、臆することなく、まずは、やりやすそうなところから実行してください。

最後はやはり、**「習うより慣れろ」**です。多少知識が不足していたり自信がなかったりしても気にせず、目の前のお客様にたくさん試してみましょう。

既存のクライアントに、

「いま、コンサル技術を研究しているところなのですが、よかったら練習台になってもらえませんか。3ヶ月間、無料、毎月1回2時間くらいで経営相談してください。社長の経営課題の深掘りがコストゼロでできます。私としても新しい経営相談サービスのスキルアップにつながりますので、お互いメリットがあると思います！」。

このように提案してみるのも1つの手です。まずはトライ&エラーで、少しずつ経験を積むことが大事です。

ここで税理士が経営参謀となるために、コンサル初心者でも、すぐに実践できる基本パターンを伝授いたします。

コンサルティングとは、いうなれば経営課題について社長と一緒に考えることです。その目的は、社長が戦略を作成する実力がアップすることにより、会社が長期的に儲かる体質になるよう仕向けることにあります。

コンサルの現場では、これまで学んだ知識をベースに、社長が困っている「問題」について話をたくさん聞き、その問題の背後にある本質的な「課題」を特定します。「課題」とは、言い換えれば理想と現実のギャップです。

この本質的なギャップ=課題を明確化できたら、コーチ型コンサルティングは7割方成功したのも同然です。

次に、ギャップ=課題を克服するための解決策を抽出します。30個の解決策を抽出して(重複しても類似してもOK!)、そこから3~7つに絞ります。そして、費用対効果が高そうで実行が容易なものから順に、どんどんトライすることが非常に重要です。

やる課題が決まったら、第1歩として実行するべき行動を具体化し、その期限を決めます。このとき将来の検証とフォローの予定まで決めましょう。
以上の流れを箇条書きにすると、次のようになります。

（1）信頼関係の構築（セットアップ）
（2）今回のコーチ型コンサルティングのテーマ（90分〜120分で話したいテーマ）
（3）現状の問題点（社長の視点。社長に話してもらう）
（4）理想の状態（目的・目標）
（5）現状と理想のギャップ、（＝問題の根底にある「課題」）
（6）ギャップを克服するための解決策の抽出（30以上）
（7）解決策の絞り込み
（8）実行計画と第一歩の行動の明確化
（9）将来的な点検・フォローの予定を決める

以上、9つの手順を意識して、毎回のコンサルティングセッションを進めてみてください。時には上記の手順通りにいかないこともありますが、その場合は状況に応じて順序を入れ替えたり、立ち戻ったり、一部省略したりして、限られたセッション時間を有効に使いましょう。

あとは場数を踏んで、徐々にスキルアップをしていくことです。

あせらず謙虚に、そして自分はかならず社長の経営実力アップに貢献できる！という自信をもって、すばらしいコーチ型コンサルティングが実践できる経営参謀を目指し、研鑽してください。

以上のような謙虚な努力を続けていければ、きっと、あなたの望む理想の経営参謀像が明確になり、やがてはその理想像に近づけると、私は確信しています。

著者紹介

柴山 政行（しばやま まさゆき）

公認会計士・税理士
柴山会計ラーニング株式会社代表・柴山政行公認会計士税理士事務所所長

【経歴】

1965年　神奈川県生まれ。
1990年　埼玉大学経済学部卒業。
1992年　公認会計士２次試験に合格し、大手監査法人に入所。
1998年　柴山政行公認会計士事務所を開設。
2004年　合資会社柴山会計ソリューションを設立。
2007年　柴山ソリューションズ株式会社を設立。
2012年　柴山会計ラーニング株式会社を設立。
2018年　税理士向けの経営塾であるコーチ型コンサルタント養成塾を開講。
2021年現在で、約100名の税理士が受講している。
公認会計士・税理士としての業務のほか、経営者や税理士向けにコンサルティング指導、メルマガ・インターネットを中心とした簿記・会計教材の製作、会計関連の講演やセミナーなど、多岐にわたって精力的に行っている。
また、小中学生から始められる簿記・会計教育「キッズ★ BOKI」のメソッドを開発し、その普及に力を注いでいる。

【著書】

『Google 経済学』（フォレスト出版）
『銀座を歩けば経済がわかる！』（フォレスト出版）
『いちばんわかりやすいはじめての簿記入門』（成美堂出版）
『いちばんわかりやすいはじめての経理入門』（成美堂出版）
『日本一やさしい「決算書」の読み方』（プレジデント社）
『ポケット図解・会計がよ～くわかる本』（秀和システム）
ほか多数

【著者メールマガジン】

http://www.mar2.com/m/0000133281.html

税理士が経営参謀になる極意

2022年2月1日　初版発行

著　者　柴山 政行

発行者　橋詰 守

発行所　株式会社 ロギカ書房
〒101-0052
東京都千代田区神田小川町2丁目8番地
進盛ビル303号
Tel 03（5244）5143
Fax 03（5244）5144
http://logicashobo.co.jp/

印刷・製本　亜細亜印刷株式会社

978-4-909090-68-3　C2034